WILLIAMS-SONOMA

FRANCESA

RECETAS

DIANE ROSSEN WORTHINGTON

EDITOR GENERAL

CHUCK WILLIAMS

FOTOGRAFÍA

MAREN CARUSO

TRADUCCIÓN

CONCEPCIÓN O. DE JOURDAIN
LAURA CORDERA L.

degustis

MÉXICO

CONTENIDO

LAS CLÁSICAS

HORS D'OEUVRES, SOPAS Y ENSALADAS

VERDURAS Y GUARNICIONES

MARISCOS Y AVES

RES, TERNERA, PUERCO O CORDERO

POSTRES

INTRODUCCIÓN

Cuando visité Francia por primera vez, hace cerca de 50 años, me impresionaron tanto los platillos sencillos y deliciosos que probé que nunca los olvidaré. De hecho, las tradiciones culinarias francesas de usar el mejor equipo e ingredientes disponibles y hacerse expertos en ciertas técnicas fundamentales de la cocina son parte de lo que me inspiró a crear la primera tienda de Williams-Sonoma. Desde entonces, me da gusto informarles que estas lecciones de cocina francesa también se han convertido en una parte de la herencia culinaria de América.

La colección de recetas de este libro representa la amplia gama de la cocina francesa actual, así como las especialidades regionales, las recetas favoritas de los bistros y las recetas clásicas actualizadas, todas presentadas de una manera fácil de preparar y un deleite para gozar en la mesa. Una vez que se haya convertido en un experto en algunas de las técnicas de cocina francesa básicas, que se explican al final de este libro, podrá aplicar esos conocimientos cada vez que cocine. Espero que las recetas de este libro inspiren un amor a la comida buena y sencilla que ha sido parte de la forma de vida francesa durante siglos.

LAS CLÁSICAS

Un pollo asado con piel crujiente, un tazón lleno de mejillones, una pila de papas fritas *doradas como guarnición para un filete cubierto con pimienta triturada... estos platillos causan el ambiente cálido y acogedor de un bistro clásico. También encontrará recetas para otros platillos favoritos tradicionales de la cocina francesa, que incluyen una* ensalada niçoise *perfecta para comer en la playa, la deliciosa sopa de cebolla con crutones cubiertos de queso Gruyère y un soufflé esponjado de queso.*

SOPA GRATINADA DE DOS CEBOLLAS

QUESO GRUYÈRE

Un queso firme hecho de leche de vaca natural, el queso Gruyère en realidad es un queso suizo nombrado así por la región de los Alpes en la que se originó, aunque también se produce en Francia. La versión francesa de este queso se llama Gruyère de Comté, o simplemente Comté. Se añeja durante más tiempo que el Gruyère Suizo y, por lo tanto, tiene un sabor más fuerte. Otros quesos similares incluyen el Beaufort francés y el Emmental suizo. Debido a su fuerte sabor y a que se derrite suavemente con facilidad, estos quesos de la familia del Gruyère son la cubierta perfecta de los platillos gratinados como es esta sopa clásica de cebolla.

En un horno holandés u olla grande, que no sea de aluminio, sobre calor medio-caliente el aceite de oliva. Agregue la cebolla morada y amarilla o blanca y saltee aproximadamente 15 minutos, hasta marchitar. Agregue el azúcar y continúe cocinando, moviendo frecuentemente, 30 ó 40 minutos más, hasta que las cebollas tomen color y se caramelicen. (Si las cebollas empiezan a dorarse demasiado al caramelizarse, reduzca la temperatura ligeramente.)

Precaliente el horno a 180ºC (350ºF).

Agregue el caldo, ajo, hoja de laurel y vino a la sartén. Tape parcialmente y hierva 30 minutos a fuego lento, hasta que se mezclen los sabores.

Mientras tanto, tueste las rebanadas de pan baguette. Acomode las rebanadas en una sola capa sobre una charola para hornear y tueste en el horno de 5 a 7 minutos, hasta dorar, teniendo cuidado de que no se quemen.

Agregue el tomillo y sazone al gusto con sal y pimienta. Deseche la hoja de laurel.

Para servir, precaliente el asador. Vierta la sopa en tazones refractarios individuales. Coloque 2 ó 3 rebanadas de pan baguette sobre cada porción y espolvoree uniformemente con el queso. Acomode los refractarios sobre una charola para hornear y coloque bajo el asador, aproximadamente a 10 cm (4 in) de distancia. Ase de 3 a 4 minutos, hasta que el queso burbujee y se dore ligeramente. Adorne con un poco de perejil sobre cada tazón y sirva de inmediato.

RINDE DE 4 A 6 PORCIONES

3 cucharadas de aceite de oliva

4 cebollas rojas grandes, finamente rebanadas

4 cebollas amarillas o blancas medianas, finamente rebanadas

¼ cucharadita de azúcar

7 tazas (1.75 l/56 fl oz) de caldo de res o pollo (página 110-111) o caldo preparado bajo en sodio

2 dientes de ajo, picados

1 hoja de laurel

½ taza (125 ml/4 fl oz) de vino blanco seco

12 rebanadas de pan baguette, cada una de 6 mm (¼ in) de grueso

¼ cucharadita de hojas de tomillo seco

Sal y pimienta recién molida

¾ taza (90 g/3 oz) de queso Gruyère rallado

2 cucharadas de perejil fresco (italiano), finamente picado

ASADO DE POLLO

PARA EL UNTO:

1 cucharada de romero fresco, toscamente picado

3 dientes de ajo, picados

¼ taza (60 ml/2 fl oz) de jugo de limón fresco

4 cucharadas (60 g/2 oz) de mantequilla sin sal, a temperatura ambiente

⅛ cucharadita de pimienta de cayena

Una pizca de paprika

Sal y pimienta negra recién molida

1 pollo para rostizar de 1.75 a 2 kg (3½–4 lb) reservando sus menudencias para otro uso, lavado y seco

Ramas de romero entero fresco y ramas de tomillo para decorar (opcional)

Precaliente el horno a 220ºC (425ºF). Para hacer el unto, mezcle en un tazón pequeño el romero picado, ajo, jugo de limón, mantequilla, cayena, paprika, sal y pimienta al gusto hasta incorporar por completo. Rectifique la sazón.

Cubra el pollo con el unto por todos lados. Colóquelo, con la pechuga hacia arriba, sobre una rejilla engrasada con aceite dentro de una charola grande para asar. Vierta 1 taza (250 ml/8 fl oz) de agua en la charola para evitar que se queme con los jugos que suelta el pollo. (Quizás necesite agregar más agua a la charola si se seca durante el proceso.) Ase el pollo de 45 a 50 minutos, barnizando varias veces con los jugos de la charola, hasta dorar. Inserte un termómetro en la parte más gruesa del muslo (sin tocar el hueso). Debe marcar 77ºC (170ºF) y, al picar el muslo con un cuchillo, los jugos deben salir transparentes.

Deje reposar durante 10 minutos antes de partirlo. Si lo desea, sirva el pollo sobre una cama de ramas de romero y tomillo.

Variación: Si lo desea, puede cambiar la mezcla de hierbas en esta receta. Sustituya 1½ cucharada de estragón fresco picado o 1½ cucharada de tomillo fresco picado por el romero. Reduzca el ajo a 2 dientes y omita la pimienta de cayena y paprika.

Para Servir: Este sencillo pollo puede servirse como primer plato, aunque también es ideal para usarse en emparedados o para agregar a ensaladas y pastas. Prepárelo con anticipación para que se enfríe lo suficiente y pueda rebanarlo, cortarlo en cubos o desmenuzarlo.

MRINDE 4 PORCIONES

CONOCIENDO EL ASADO

Algunos consejos y herramientas básicas para asar le ayudarán a convertirse en un experto en este platillo básico del bistro. A muchos cocineros les gusta usar una rejilla engrasada con aceite para asar porque levanta el pollo, dorando así una porción mayor de su superficie. Sin embargo, esto no es totalmente necesario. Usando un gotero o una cuchara grande, barnice el pollo con los jugos de la charola mientras se asa, evitando así que se seque demasiado rápido durante el cocimiento y agregando sabor y color. Sobre todo, no cocine el pollo demasiado tiempo. Para obtener mejores resultados, use un termómetro de lectura instantánea para revisar el cocimiento y retire el pollo del horno tan pronto termine de asarlo.

FILETE PIMIENTA

GRANOS DE PIMIENTA

Los granos de pimienta negra son moras maduras y secas de la planta de pimienta. Los granos de pimienta blanca, usados en las salsas blancas y otras mezclas de color claro, son de la misma mora pero sin la cáscara oscura, mientras que los granos de pimienta verde son las moras inmaduras que por lo general se preservan en vinagre o salmuera. Una vez molidos, los granos de pimienta pierden rápidamente su picor. Para este platillo es esencial el grano tosco y el sabor picante de la pimienta negra; no lo sustituya por pimienta molida. Para lograr mejores resultados, machaque los granos de pimienta en un mortero con su mano o use un molino de especies o la parte más tosca de un molino de pimienta.

Presione los granos de pimienta con un mortero y su mano, un molino para especias o el lado más grueso de un molino de pimienta hasta molerlos toscamente. Espolvoree la pimienta uniformemente sobre ambos lados de los filetes y presiónela sobre la carne, usando sus manos o el lado plano de un cuchillo ancho. Tape y deje reposar 30 minutos.

Elija una sartén grande para freír o dos sartenes más pequeñas que sean lo suficientemente grandes para dar cabida a los filetes, sin que queden demasiado apretados. Derrita la mantequilla con el aceite de oliva sobre calor medio-alto, aproximadamente 1 minuto, hasta que burbujee. Agregue los filetes y selle de un lado hasta dorar, aproximadamente 4 minutos. Voltee los filetes y selle del otro lado hasta dorar y que al insertar un termómetro de lectura instantánea en la parte más gruesa, marque 52ºC (125ºF) si los quiere término rojo ó 57ºC (135ºF) si los quiere término medio y selle durante 5 minutos más. Pase los filetes a un platón caliente y tape suavemente con papel aluminio.

Agregue los chalotes a la sartén y saltee, agregando más mantequilla si fuera necesario para evitar que se peguen, de 2 a 3 minutos, hasta suavizar. Retire del calor. Agregue el Cognac, vuelva a colocar sobre calor medio-bajo y cocine aproximadamente 30 segundos, para calentar el Cognac. Una vez más, retire la sartén del calor. Asegúrese de que el extractor esté apagado y, retirando su cara, use un cerillo largo de cocina para prender el Cognac. Cuando el alcohol se haya quemado, las flamas se apagarán. (Tenga a mano una tapa para sartén en caso de que las flamas se eleven demasiado). Cuando desaparezca el fuego, agregue el vino, hierva y cocine cerca de 3 minutos, hasta espesar ligeramente. Agregue el caldo, vuelva a hervir y cocine aproximadamente 5 minutos más, hasta que se reduzca a la mitad y haya espesado tomando la consistencia de salsa. Integre la crema y mostaza batiendo, y hierva a fuego lento 1 minuto más. Sazone al gusto con sal y pimienta.

Pase los filetes a platos individuales calientes y bañe cada uno con un poco de salsa. Adorne con perejil y sirva.

RINDE 4 PORCIONES

½ taza (75 g/2½ oz) de granos de pimienta negra

4 filetes New York de aproximadamente 500 g (1 lb) cada uno y 4 cm (1½ in) de grueso

4 cucharadas (60 g/2 oz) de mantequilla sin sal, más la necesaria

2 cucharadas de aceite de oliva

4 chalotes, picados

3 cucharadas de Cognac (página 113) u otro brandy de alta calidad

½ taza (125 ml/4 fl oz) de vino tinto entero

1 taza (250 ml/8 fl oz) de caldo de res (página 111), caldo de res preparado bajo en sodio o consomé de res de lata

½ taza (125 ml/4 fl oz) de crema espesa (doble)

1 cucharadita de mostaza de Dijon

Sal y pimienta recién molida

Ramas de perejil liso (italiano) para adornar

PAPAS FRITAS

4 papas russet o papas
blancas, aproximadamente
1 kg (2 lb) en total

Aceite vegetal, de canola,
para fritura profunda

Sal Kosher o sal en grano
para espolvorear

Pele las papas y corte a lo largo en rebanadas de 1 cm (¾ in) de espesor aproximadamente.Posteriormente, corte las rebanadas a lo largo en tiras de 1 cm (¾ in) de espesor. Pase las tiras de papa a un tazón con agua fría y deje reposar cerca de 15 minutos, para retirar el exceso de almidón.

Vierta aceite vegetal en una freidora o una olla grande y gruesa, con un termómetro para fritura profunda pegado en una orilla, hasta llegar a los 5 cm (2 in) de profundidad. Caliente el aceite sobre calor alto hasta que marque 165ºC (330ºF). Si no tiene una canasta para fritura profunda, tenga listo un par de pinzas largas o una espumadera grande.

Mientras el aceite se calienta, escurra y seque las papas con toallas de cocina. (Las papas mojadas pueden salpicar y pegarse). Si usa una freidora, sumerja la canasta en el aceite caliente para evitar que las papas se peguen. Posteriormente, trabajando en tandas, coloque cuidadosamente 3 manojos grandes de papas en la olla. El aceite se expandirá y las cubrirá. Fría de 4 a 5 minutos hasta que las papas estén ligeramente doradas, pero suaves. Si usa una freidora, retire la canasta y coloque sobre un tazón para escurrirlas por lo menos 10 minutos, posteriormente pase las papas drenadas a toallas de papel. Si usa pinzas o una espumadera, pase las papas a un platón cubierto con varias capas de toallas de papel y deje escurrir. Entre cada tanda, deje que el aceite recupere los 165ºC (330ºF) y retire los trocitos de papa que queden. Las papas parcialmente fritas se mantendrán a temperatura ambiente hasta por 2 horas.

Justo antes de servirlas, recaliente el aceite a 188ºC (370ºF). Fría las papas una vez más, en tandas de 3 a 5 minutos, hasta que estén doradas y crujientes. Escurra sobre toallas de papel limpias. Pase a un tazón de servir o canasta cubierta con servilletas, sazone al gusto con sal y sirva.

Precaución: No caliente el aceite más de 190ºC (375ºF) para fritura profunda. Si alcanza los 200ºC (400ºF) o más, puede empezar a humear y encenderse en flama.

RINDE 4 PORCIONES

ACERCA DE PAPAS FRITAS

Para hacer *papas fritas*, o irresistibles papas a la francesa estilo bistro, cocine con aceite limpio y use un termómetro de fritura para mantener una temperatura alta constante durante la fritura. También seque las papas bien y tenga cuidado de no agregar demasiadas papas a la sartén. Sin embargo, el verdadero secreto francés para obtener *papas fritas*, perfectas es freir las papas dos veces. La primera fritura a temperatura baja cuece el interior de las papas, mientras que la segunda inmersión en aceite más caliente hace un exterior dorado y crujiente. Una vez cocidas, las, *papas fritas* deben servirse de inmediato. Nunca las tape; su propio vapor las hará aguadas.

ENSALADA NIÇOISE

Corte las zanahorias y pimientos en juliana (página 38). Rebane finamente la cebolla morada y corte en trozos de 4 cm (1½ in). Coloque el atún en un tazón pequeño y use un tenedor para separarlo en trozos. Reserve.

En un tazón pequeño, bata el jugo de limón, mostaza, ajo y pastinaca. Bañe lentamente con el aceite de oliva, batiendo constantemente hasta mezclar y espesar. Agregue sal y pimienta al gusto. Reserve el aderezo.

En una olla grande con agua hirviendo cocine las papas, de 20 a 30 minutos, hasta que estén suaves pero se sientan ligeramente resistentes al picarlas con un tenedor. Escúrralas y déjelas enfriar. Cuando estén suficientemente frías para poder tocarlas, retire la piel y corte en juliana. Colóquelas en un tazón grande.

Llene un cazo grande con tres cuartas partes de agua y hierva. Agregue los ejotes y cocínelos de 5 a 7 minutos, hasta que estén de color verde brillante y suaves pero aún ligeramente crujientes. Escúrralos y sumérjalos en un tazón con agua fría para detener el cocimiento. Cuando estén fríos, escurra, seque y colóquelos en el tazón con las papas.

Agregue las zanahorias, pimiento, cebolla morada, alcaparras, albahaca picada, pimienta al gusto y la mitad del atún al tazón; mezcle hasta combinar. Vierta únicamente el aderezo necesario para humedecer la ensalada. Mezcle cuidadosamente, asegurándose de no aplastar las papas. Pruebe y rectifique la sazón. Acomode la ensalada en un tazón grande y poco profundo. Cubra con el atún restante. Bañe el atún con un poco de aderezo.

Corte los huevos en cuarterones a lo largo y parta cada jitomate en 6 rebanadas. Adorne la ensalada con los cuarterones de huevo, rebanadas de jitomate y hojas de albahaca y sirva. Acompañe con el aderezo restante en un tazón.

RINDE 6 PORCIONES

ACEITUNAS NIÇOISE

Originarias de Niza, en la costa del Mediterráneo de Provenza, esta receta de verano se ha convertido en una de las recetas francesas favoritas y más populares alrededor del mundo. Vale la pena buscar las aceitunas Niçoise auténticas que son pequeñas, oscuras y ovaladas, curadas en salmuera y empacadas en aceite de oliva. Su carne es deliciosa y tienen un suave sabor a salmuera que agrega un sabor único a la mezcla de ingredientes del sur de Francia en la ensalada. Aunque son nativas de Provenza, las aceitunas Niçoise también se cultivan en Italia y Marruecos.

2 zanahorias, sin piel

1 pimiento rojo pequeño (capsicum), sin semillas

1 cebolla morada pequeña

3 latas de atún en aceite, drenadas

⅓ taza (80 ml/3 fl oz) de jugo de limón fresco

2 cucharaditas de mostaza Dijon

2 dientes de ajo, picados

2 cucharadas de pastinaca fresca finamente picada

⅔ taza (260 ml/5 fl oz) de aceite de oliva extra virgen

Sal y pimienta recién molida

3 papas rojas, 500 g (1 lb) aproximadamente en total

500 g (1 lb) de ejotes verdes, limpios y cortados en trozos de 4 cm (1½ in)

½ taza (75 g/2½ oz) de aceitunas Niçoise, drenadas y sin tallo

2 cucharadas de alcaparras, de preferencias empacadas en sal, enjuagadas y escurridas

2 cucharadas de albahaca fresca finamente picada, más algunas hojas enteras para adornar

3 huevos cocidos, sin cascarón

2 jitomates pequeños

SOUFFLÉ DE QUESO

1 taza (125 g/4 oz) más 2 cucharadas de queso Gruyère o Comté

2½ cucharadas de mantequilla sin sal

3 cucharadas de harina de trigo (simple)

1 taza (250 ml/8 fl oz) de leche entera

4 yemas de huevo

1 cucharadita de mostaza Dijon

Sal y pimienta blanca recién molida

Una pizca de nuez moscada recién molida

5 claras de huevo

Una pizca de cremor tártaro

1 cucharada de migas de pan (página 77) fresco o seco

Precaliente el horno a 190ºC (375ºF). Engrase con mantequilla un molde para soufflé de 6 tazas (1.5 l/48 fl oz) y cubra la base y los lados uniformemente con 1 cucharada de queso.

En un cazo sobre calor medio, derrita la mantequilla. Agregue la harina y mezcle con cuchara de madera 1 minuto. Cocine hasta que la mezcla burbujee pero aún esté blanca, aproximadamente 2 minutos más. Mientras bate constantemente, agregue la leche. Hierva a fuego lento y continúe batiendo 2 minutos más, hasta que la salsa esté espesa y suave. Retire del calor y deje enfriar 10 minutos.

Agregue las yemas de huevo a la mezcla de leche fría y bata hasta suavizar. Agregue la mostaza, ½ cucharadita de sal, una pizca de pimienta blanca y la nuez moscada, y bata para combinar.

En un tazón grande y totalmente limpio, bata las claras de huevo con una pizca de sal y de cremor tártaro, usando un batidor globo o una batidora eléctrica a velocidad media, hasta obtener picos duros. Los picos deben quedar parados sobre las aspas de la batidora al levantarla. No bata demasiado, pues las claras pueden endurecerse y hacerse pegajosas.

Usando una espátula de goma, mezcle suavemente la mitad de las claras de huevo con la leche, con movimiento envolvente para diluirla. Integre 1 taza del queso rallado e incorpore suavemente las claras de huevo restantes justo hasta que desaparezcan. Pase al plato preparado y espolvoree con la cucharada restante de queso y las migas de pan.

Hornee de 30 a 35 minutos, hasta que esponje el soufflé y la superficie se dore. Sirva de inmediato.

RINDE 4 PORCIONES

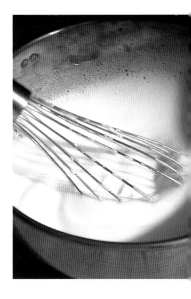

BATIENDO CLARAS DE HUEVO

Los soufflés tienen fama de ser difíciles de preparar, pero si pone atención a algunos detalles, puede crear un soufflé con éxito. Empiece con un tazón totalmente limpio y un batidor globo grande, ya que la mínima porción de grasa puede impedir que se esponjen las claras adecuadamente. Al agregar una pizca de cremor tártaro se estabiliza la espuma, al igual que si se usa un tazón de cobre para batir. Al incorporar las claras con la base del soufflé, use una espátula de goma haciendo un movimiento envolvente suave de abajo hacia arriba. Trate de mantener las claras de huevo tan esponjosas como le sea posible; la mezcla final no tiene que quedar uniforme.

MEJILLONES A LA MARINERA

En una olla grande para consomé sobre calor medio-alto combine el vino, chalotes, mantequilla, 2 cucharadas del perejil, la hoja de laurel y pimienta al gusto. Hierva a fuego lento, agregue las migas de pan y cocine, sin tapar, de 4 a 5 minutos, hasta que el caldo aromatice.

Agregue los mejillones, deseche aquellos que no cierren al tocarlos. Tape la olla herméticamente y cocine los mejillones al vapor, aproximadamente 5 minutos, hasta que se abran, moviendo la olla ocasionalmente para que se cocinen en forma uniforme. Deseche los mejillones que no se hayan abierto.

Para servir, pase los mejillones a tazones individuales grandes para sopa usando una cuchara ranurada. Vierta un poco del caldo sobre ellos y cubra con las 2 cucharadas restantes de perejil. Sirva de inmediato acompañando con pan para remojar en el caldo.

Para Servir: Estos mejillones preparados de forma clásica también son deliciosos si se sirven con Papas Fritas crujientes (página 17).

RINDE 6 PORCIONES COMO ENTRADA O 2 PORCIONES COMO PLATO PRINCIPAL

MEJILLONES

Al comprar mejillones, elija los que tengan sus conchas bien cerradas. (Las conchas abiertas demuestran que los mejillones están echados a perder o muertos). Para almacenarlos, coloque los mejillones en un tazón profundo y tape con una toalla de cocina húmeda; refrigere hasta por 1 día. Antes de cocinar, talle las conchas con un cepillo de cerdas duras bajo el chorro de agua. Usando un cuchillo pequeño o unas tijeras corte la barba, un copete fibroso que crece en la orilla de la concha, que a menudo tienen los mejillones silvestres cosechados localmente. Los mejillones cultivados, la variedad que actualmente puede encontrar en la mayoría de los mercados de pescado, tienen barbas pequeñas o no tienen barbas y es más fácil limpiarlos.

2 tazas (500 ml/16 fl oz) de vino blanco seco

6 chalotes, picados

6 cucharadas (90 g/3 oz) de mantequilla sin sal

4 cucharadas (10 g/⅓ oz) de perejil liso (italiano) fresco

½ hoja de laurel

Pimienta recién molida

1 taza (60 g/2 oz) de migas finas de pan fresco (página 77)

2 kg (4 lb) de mejillones negros o verdes de Nueva Zelanda, lavados y sin barbas *(vea explicación a la izquierda)*

Pan crujiente estilo francés para acompañar

HORS D'OEUVRES, SOPAS Y ENSALADAS

La delicia de una comida francesa es evidente desde el principio.
¿Quién puede resistir una rebanada de tarta de cebolla
caramelizada o una ensalada dulce y natural de endibias, betabeles
y queso de cabra? Algunos de estos platillos, como la ensalada
simple frisée con lardons o la sopa al pistou hecha de verduras,
también pueden servirse como una comida ligera por sí mismas,
acompañadas con un pan baguette fresco y una copa de vino.

TARTA DE CEBOLLA CARAMELIZADA

CEBOLLAS CARAMELIZADAS

Las cebollas contienen azúcares naturales que permanecen escondidos cuando están crudas. Sin embargo, al cocinarlas lentamente durante mucho tiempo hace que esos azúcares salgan en un proceso llamado caramelización. Para esta receta, rebane finamente 6 cebollas amarillas o blancas.

En una sartén grande y profunda para freír sobre calor medio derrita 1 cucharada de mantequilla sin sal en ¼ taza (60 ml/2 fl oz) de aceite de oliva. Agregue las cebollas, 1 cucharadita de azúcar, ½ cucharadita de sal, y un poco de pimienta recién molida. Cocine de 40 a 45 minutos hasta que adquieran el color deseado, moviendo a menudo y reduciendo la temperatura si las cebollas se doran demasiado rápido. Pruebe y rectifique la sazón.

Para hacer la pasta, combine la harina con la sal en un procesador de alimentos. Pulse unos segundos para mezclar. Agregue la mantequilla y mezcle de 5 a 10 minutos, hasta que la mezcla forme una masa tosca. Con el motor encendido, agregue lentamente el agua muy fría y mezcle justo hasta que la masa se una y se pegue al picarla. Pase la masa a una superficie de trabajo enharinada y junte para formar una masa fuerte. Presione para formar un rectángulo ligeramente plano y extienda con el rodillo para hacer un rectángulo suficientemente grande para cubrir un molde para tarta de 28 por 20 cm (11 x 8 in) con base desmontable. O, si lo desea, presione la masa haciendo un círculo y extienda haciéndolo suficientemente grande para cubrir un molde redondo para tarta de 28 cm (11 in) con base desmontable. Envuelva la masa sobre el rodillo y coloque sobre el molde. Desenrolle la masa y coloque en el molde, presionando contra las orillas y base sin estirarla. Recorte el exceso de masa pasando el rodillo sobre la orilla del molde. Pique la masa con un tenedor y refrigere aproximadamente 30 minutos, hasta que esté firme.

Precaliente el horno a 190°C (375°F). Coloque el molde para tarta sobre una charola para hornear. Cubra la masa con papel encerado (para hornear) y llene con pesas para pay, arroz crudo o frijoles secos. Hornee de 20 a 25 minutos, justo hasta que se dore muy ligeramente. Deje enfriar totalmente sobre una rejilla de alambre y retire las pesas y el papel. Barnice la costra con la mostaza y espolvoree con 2 cucharadas del queso. Vuelva a hornear aproximadamente 7 minutos, hasta que el queso se derrita. Deje enfriar totalmente. Reduzca la temperatura del horno a 180°C (350°F).

En un tazón, bata los huevos, crema, tomillo y ½ taza (60 g/2 oz) del queso. Agregue las cebollas caramelizadas y mezcle hasta combinar. Pase a la costra de tarta y espolvoree con el queso restante. Hornee de 30 a 35 minutos, hasta que el queso se derrita y el relleno esté firme. Deje enfriar. Retire los lados del molde y pase la tarta a un platón. Sirva caliente o a temperatura ambiente.

RINDE 8 PORCIONES

PARA LA PASTA:

1⅓ taza (220 g/7 oz) de harina de trigo (simple)

¼ cucharadita de sal

½ taza (125 g/4 oz) de mantequilla sin sal muy fría, cortada en trozos pequeños

¼ taza (60 ml/2 fl oz) de agua muy fría

2 cucharadas de mostaza Dijon

¾ taza (90 g/3 oz) de queso Gruyère rallado

2 huevos

⅓ taza (80 ml/3 fl oz) de crema espesa (doble)

1½ cucharadita de tomillo fresco, finamente picado, ó ½ cucharadita de tomillo seco

Cebollas Caramelizadas *(vea explicación a la izquierda)*, a temperatura ambiente

RILLETTES DE PATO

1 pato Long Island o Pekinés Blanco, aproximadamente de 2.5 kg (5 lb), descongelado, desechando sus vísceras o reservándolas para otro uso

6 dientes de ajo, picados

1 hoja de laurel, desmenuzada

1 rama de tomillo fresco, toscamente picado, o ½ cucharadita de tomillo seco

Sal Kosher y pimienta recién molida

Rebanadas de pan Baguette, pan francés o galletas pequeñas para acompañar

Retire la grasa de la cavidad del pato y reserve. Usando un cuchillo filoso, retire las pechugas y reserve para otro uso. Retire las piernas y muslos y reserve. Corte la grasa y cualquier trozo de piel suelta de la carcasa del pato y júntelo con la grasa que reservó. Reserve la carcasa.

Coloque las piernas y muslos del pato en un plato lo suficientemente grande para darles cabida en una sola capa. En un tazón pequeño, mezcle el ajo, hoja de laurel, tomillo, 1 cucharadita de sal y ¼ cucharadita de pimienta. Frote la mezcla sobre las piernas y muslos. Tape y refrigere durante la noche.

Pique toscamente la grasa reservada y coloque en una sartén grande y gruesa para freír con la carcasa. Agregue agua hasta una profundidad de 12 mm (½ in). Hierva sobre calor medio. Reduzca la temperatura y cocine aproximadamente 45 minutos, moviendo una o dos veces durante los primeros 10 minutos, hasta que la grasa se derrita y dore. Cuele usando un colador de malla fina cubierto con manta de cielo (muselina). Deseche los sólidos. Deje enfriar y refrigere la grasa que soltó.

Enjuague las piernas y muslos de pato bajo el chorro de agua fría, desechando el ajo y las hierbas. Recaliente la grasa reservada hasta derretirla. Coloque las piernas y muslos en una sartén pequeña para freír y cubra con la grasa derretida. Hierva a fuego medio. Reduzca la temperatura a baja, tape y cocine aproximadamente durante 1 hora, hasta que la carne esté suave y pueda desmenuzarse fácilmente. Usando una cuchara ranurada, pase las piezas de pato a una superficie de trabajo. Cuele la grasa hacia un refractario y deje reposar hasta que se enfríe pero esté aún líquida. Cuando las piezas de pato estén suficientemente frías para poder manejarlas, retire y deseche la piel y huesos; coloque la carne en un tazón. Deshebre la carne usando 2 tenedores. Integre ½ taza (125 ml/4 fl oz) de la grasa reservada. Sazone con sal y pimienta y coloque en un refractario individual con capacidad de 1 taza (250 ml/8 fl oz). Vierta un poco de la grasa restante sobre la superficie para sellar. Refrigere por lo menos durante 2 días para mezclar los sabores. Sirva a temperatura ambiente, acompañando con pan o galletas.

RINDE APROXIMADAMENTE 1 TAZA (250 G/8 OZ)

GRASA DE PATO

La grasa de pato es un elemento muy cotizado en la cocina francesa, pero su uso realmente nació al tratar de economizar en la cocina de una granja. El pato tiene una capa gruesa de grasa bajo su piel que debe retirarse o derretirse durante el cocimiento. La grasa es deliciosa no sólo para freír huevos o papas, sino también para cocinar y preservar el pato por sí mismo. Puede comprar grasa de pato en las tiendas especializadas o en carnicerías gourmet o puede hacerla usted mismo (vea la receta). Una vez que prepare el paté, se mantendrá fresco en el refrigerador hasta por 2 meses.

POTAJE CRÉCY

En una olla grande para sopa sobre calor medio, derrita la mantequilla con el aceite de oliva. Agregue los poros y saltee aproximadamente 4 minutos, moviendo ocasionalmente, hasta suavizar. Agregue las zanahorias y papas y saltee cerca de 5 minutos, justo hasta que empiecen a suavizarse.

Vierta el caldo y hierva a fuego lento. Agregue el tomillo, tape y hierva a fuego lento aproximadamente 25 minutos, hasta que las zanahorias y papas estén suaves.

En una licuadora o procesador de alimentos, haga un puré trabajando en tandas y vuelva a colocarlo en la olla. O, si lo desea, muela con una licuadora manual dentro de la olla. Agregue la crema, leche, jugo de limón, nuez moscada, sal y pimienta blanca al gusto y hierva a fuego lento. Pruebe y rectifique la sazón.

Vierta la sopa en tazones calientes y adorne con las hojas de tomillo, si las usa. Sirva de inmediato.

Nota: Las sopas francesas pueden dividirse en cuatro categorías básicas. Un potaje es una mezcla pesada y espesa, a menudo hecha puré, mientras que una sopa por lo general se hace con cubos de verduras hervidos a fuego lento u otro ingrediente dentro del caldo. Las bisques suaves y sedosas, por lo general hechas con langosta o mariscos, se enriquecen con crema. Y por último, el consomé es un caldo claro que puede acompañarse con un sinnúmero de guarniciones, desde diminutos dumplings hasta un poco de cebollín.

RINDE 6 PORCIONES

2 cucharadas de mantequilla sin sal

1 cucharada de aceite de oliva

2 poros, incluyendo las partes verdes suaves, limpias (página 45) y finamente rebanadas

6 a 8 zanahorias, aproximadamente 750 g (1½ lb) de peso total, sin piel y cortadas en dados

2 papas russet o papas blancas grandes 750 g (1½ lb) en total, sin piel y cortadas en cubos

5 tazas (1.25 l/40 fl oz) de caldo de pollo (página 110) o caldo preparado bajo en sodio

2½ cucharaditas de tomillo fresco, finamente picado ó 1¼ cucharaditas de tomillo seco

1 taza (250 ml/8 fl oz) de crema espesa

1 taza (250 ml/8 fl oz) de leche

2 cucharadas de jugo de limón fresco

½ cucharadita de nuez moscada recién rallada

Sal y pimienta blanca recién molida

1 cucharada de hojas de tomillo fresco o perejil liso (italiano), finamente picado (opcional)

SOPA AL PISTOU

2 cucharadas de aceite de oliva

2 cebollas amarillas o blancas, finamente picadas

4 zanahorias, sin piel y cortadas en trozos de 2.5 (1 in)

4 calabacitas (courgettes), cortadas en trozos de 2.5 cm (1 in)

250 g (½ lb) de ejotes verdes tiernos, limpios y cortados en trozos de 2.5 cm (1 in)

125 g (¼ lb) de champiñones, cepillados y finamente rebanados

2 dientes de ajo, picados

2 jitomates grandes, sin piel, sin semillas y finamente picados, ó 1 taza (185 g/6 oz) de jitomates de lata en cubos, drenados

8 tazas (2 l/64 fl oz) de caldo de pollo (página 110) o caldo preparado, bajo en sodio

2 cucharadas de albahaca fresca, finamente picada ó 1 cucharada de albahaca seca

1 lata (470 g/15 oz) de frijoles blancos como cannellini, enjuagados y drenados

Sal y pimienta recién molida

Pistou (vea explicación a la derecha) para acompañar

En una olla grande para sopa sobre calor medio, caliente el aceite de oliva. Agregue las cebollas y saltee de 3 a 5 minutos, moviendo de vez en cuando, hasta suavizar.

Agregue las zanahorias, calabacitas y ejotes; saltee cerca de 3 minutos, moviendo frecuentemente, justo hasta suavizar. Agregue los champiñones y saltee hasta que queden cubiertos con el aceite, aproximadamente 2 minutos. Añada el ajo y saltee 1 minuto.

Eleve la temperatura a media-alta, agregue los jitomates, caldo y albahaca; hierva. Reduzca a temperatura media y hierva hasta que las verduras estén suaves. La sopa habrá espesado ligeramente.

Agregue los frijoles blancos y cocine cerca de 5 minutos, hasta que estén totalmente calientes. Añada sal y pimienta al gusto.

Vierta la sopa en tazones calientes y agregue una gota de pistou a cada tazón. Sirva de inmediato.

Preparación por Adelantado: Esta sopa puede congelarse hasta por 2 meses. Para recalentarla, deje que se descongele a temperatura ambiente y caliéntela suavemente sobre calor medio. También puede omitir el queso del pistou y congelarlo hasta por 2 meses. Agregue el queso justo antes de servir.

RINDE 8 PORCIONES

PISTOU
Durante el verano en Francia, ninguna sopa de verduras está completa si no tiene una gota de pistou. A diferencia que el pesto genovés de la cocina italiana, el pistou no contiene piñones, lo cual lo hacé más ligero. Para hacer el pistou, combine en un procesador de alimentos 2 dientes de ajo, 2 tazas (60 g/2 oz) compactas de hojas de albahaca fresca y ½ taza (15 g/½ oz) de hojas de perejil liso (italiano). Muela hasta picar finamente. Con el motor encendido, integre lentamente ½ taza (125 ml/4 fl oz) de aceite de oliva. Agregue ¼ cucharadita de pimienta recién molida y ¾ taza (90 g/3 oz) de queso parmesano rallado. Muela hasta mezclar. Pruebe y rectifique la sazón. Rinde aproximadamente 1½ tazas (375 ml/12 fl oz).

ALCACHOFAS FRÍAS CON VINAGRETA DE MOSTAZA

Corte aproximadamente 12 mm (½ in) de la parte superior de una alcachofa usando un cuchillo filoso para retirar la primer capa de espinas. Jale las hojas pequeñas de la parte inferior, cerca del tallo, y deséchelas. Recorte el tallo en la parte inferior. Usando unas tijeras, recorte 12 mm (½ in) de la parte superior de las hojas exteriores, retirando los extremos puntiagudos. Deposite en un tazón grande con agua fría a la cual habrá agregado el jugo de limón para evitar la decoloración mientras corta las demás alcachofas.

Llene un cazo u olla grande hasta la mitad con agua, agregue el vinagre blanco y el aceite de oliva y hierva sobre temperatura alta. Agregue las alcachofas, tape y hierva a fuego lento aproximadamente de 40 a 50 minutos, hasta que las partes inferiores se sientan suaves al picarlas con la punta de un cuchillo. (Las alcachofas más pequeñas se cocinarán un poco más rápido.)

Usando unas pinzas, pase las alcachofas, a una rejilla colocando los tallos hacia arriba para escurrirlas mientras se enfrían. Colóquelas invertidas en un platón, tape y refrigere cerca de 4 horas, hasta que estén frías.

Para hacer la vinagreta, bata en un tazón el vinagre de vino tinto con el jugo de limón, mostaza, chalote, ajo, perejil y cebollín. Incorpore lentamente el aceite de oliva, batiendo continuamente hasta mezclar y espesar. Agregue sal y pimienta al gusto.

Para servir, coloque las alcachofas en un platón o platos individuales y bañe con cucharadas de vinagreta. Sirva acompañando con la vinagreta restante en un tazón. Si lo desea, corte las alcachofas grandes a la mitad antes de servirlas.

Variación: Estas alcachofas también saben deliciosas si se sirven calientes con la vinagreta.

RINDE 4 PORCIONES

ALCACHOFAS
En Francia se cultivan diferentes tipos de alcachofas, desde las grandes color púrpura tipo Camus, una variedad de Bretaña, hasta las alcachofas más pequeñas de Provenza. Para comer una alcachofa cocida entera, desprenda las hojas una por una, remoje la base de cada hoja en la vinagreta y retire la carne de la parte inferior de la hoja al colocarla entre sus dientes. Deseche la parte superior de la hoja. Use una cuchara para raspar la parte peluda "choke" del centro, y posteriormente corte el delicioso corazón en trozos del tamaño de un bocado y remoje en la vinagreta.

4 alcachofas grandes
o 6 más pequeñas

Jugo de 1 limón

2 cucharadas de vinagre blanco

1 cucharadita de aceite de oliva

PARA LA VINAGRETA:

3 cucharadas de vinagre de vino tinto

1 cucharada de jugo de limón fresco

2 cucharaditas de mostaza Dijon, de preferencia de grano entero

1 chalote, finamente picado

1 diente de ajo, picado

1 cucharada de perejil liso (italiano), finamente picado

1 cucharada de cebollín fresco, finamente picado

¾ taza (180 ml/6 fl oz) de aceite de oliva extra virgen

Sal y pimienta recién molida

ENSALADA FRISÉE CON LARDONS

1 taza (60 g/2 oz) de cubos (trozos de 2.5 cm/1 in) de pan campestre crujiente

1½ cucharada de aceite de oliva extra virgen

Sal y pimienta recién molida

375 g (¾ lb) de lardons o tocino grueso, cortado en trozos de 12 mm (½ in)

2 chalotes, finamente picados

5 cucharadas (75 ml/2½ fl oz) de vinagre de vino tinto

1 cucharadita de vinagre de vino blanco

4 huevos

2 cabezas de escarola, sin corazón y sus hojas cortadas en trozos de 7.5 cm (3 in)

Precaliente el horno a 180ºC (350ºF). Esparza los cubos de pan sobre una charola para hornear y espolvoréelos con el aceite de oliva, sal y pimienta. Coloque en el horno y tueste, volteando una o dos veces, aproximadamente 15 minutos, hasta dorarlos. Reserve.

En una sartén para freír sobre calor medio-alto, saltee los trozos de tocino de 4 a 5 minutos, moviendo ocasionalmente, hasta que esté crujiente. Agregue el chalote y saltee cerca de 1 minuto, hasta suavizar. Añada el vinagre de vino tinto, reduzca la temperatura a media y hierva a fuego lento aproximadamente 1 minuto más, hasta espesar ligeramente. Sazone al gusto con sal y pimienta. Reserve y mantenga caliente.

Vierta 6 tazas (1.5 l/48 fl oz) de agua en una sartén grande para fritura profunda o un cazo ancho. Agregue 1 cucharadita de sal y el vinagre de vino blanco Hierva a fuego lento sobre calor alto. Reduzca la temperatura a media para mantenerlo hirviendo a fuego lento. Rompa 1 huevo en un refractario individual y colóquelo cuidadosamente dentro del agua hirviendo. Trabajando rápidamente, repita la operación con los 3 huevos restantes. Bañe los huevos cuidadosamente con cucharadas del agua hirviendo durante 3 minutos aproximadamente, hasta que las claras estén opacas y firmes y las yemas aún estén suaves. Usando una cuchara ranurada, pase los huevos a un plato y reserve.

En una ensaladera grande, combine los crutones y la escarola. Vierta el aderezo caliente con los trozos de tocino sobre la ensalada y mezcle para cubrir uniformemente. Divida las hojas verdes entre los tazones individuales poco profundos, asegurándose de que haya una cantidad igual de tocino en cada ensalada. Coloque un huevo poché sobre cada porción y sirva de inmediato.

Nota: Los huevos poché no están totalmente cocidos. Para más información, vea la página 113

RINDE 4 PORCIONES

LARDONS

El término francés de *lardons* se refiere a las tiras pequeñas o cuadros de grasa cortados de la panza de un puerco. A menudo se saltean hasta que estén crujientes y se agregan a las ensaladas (como en este caso) y demás platillos, incluyendo los guisados, papas fritas y omelets. El mismo término se usa para las tiras de grasa de puerco que se insertan en cortes más limpios de carne con una aguja aumentando así la suavidad y humedad de la carne. En Estados Unidos el tocino picado (sin piel) que sale de la parte lateral del puerco, es un buen sustituto para la grasa de puerco. También puede usarse cecina de puerco, que viene de la panza del puerco.

ENSALADA DE ENDIBIAS CON BETABELES ASADOS Y QUESO DE CABRA

Precaliente el horno a 220ºC (425ºF). Si las hojas de los betabeles están intactas, córtelas dejando aproximadamente 2.5 cm (1 in) del tallo. Coloque los betabeles con piel en una sartén para asar y agregue agua a una profundidad de 6 mm (¼ in). Tape herméticamente la sartén con papel aluminio.

Ase los betabeles aproximadamente 45 minutos, hasta que se sientan suaves al picarlos con un tenedor. Retire los betabeles de la sartén y, cuando estén suficientemente fríos para poder tocarlos, use un cuchillo pequeño y filoso para retirar las cáscaras. Corte los betabeles en juliana *(vea explicación a la izquierda)*. Reserve.

En un tazón pequeño, bata el vinagre con el jugo de limón, mostaza y chalote. Integre lentamente el aceite de oliva, batiendo continuamente hasta mezclar y espesar. Agregue sal y pimienta al gusto.

En un tazón grande, mezcle las endibias con la mitad del aderezo. Divida las endibias entre los platos individuales y reparta los betabeles y queso de cabra sobre ellas. Espolvoree con pimienta y adorne con el perejil. Acompañe con el aderezo restante en un tazón.

RINDE DE 4 A 6 PORCIONES

JULIANA

Juliana es un término francés para los alimentos, por lo general vegetales, cortados en tiras uniformes con forma de cerillos. Para cortar en juliana los betabeles de esta receta, córtelos en rebanadas de aproximadamente 6 mm (¼ in). Apile las rebanadas y, si desea, corte las orillas redondas para formar un cuadrado uniforme. Corte las rebanadas de betabel a lo largo en tiras de aproximadamente 6 mm (¼ in) de grueso. También puede cortar los betabeles con una mandolina (página 114).

2 betabeles

2 cucharadas de vinagre balsámico

2 cucharadas de jugo de limón fresco

1 cucharada de mostaza Dijon, de preferencia de grano entero

1 chalote, finamente picado

½ taza (125 ml/4 fl oz) de aceite de oliva extra virgen

Sal y pimienta recién molida

8 cabezas de endibia belga (chicoria/witloof) sin corazón y finamente rebanadas a lo largo

½ taza (75 g/2 ½ oz) de queso de cabra fresco desmoronado

Perejil liso (italiano), finamente picado para adornar

VERDURAS Y GUARNICIONES

Los mercados de Francia al aire libre son una muestra auténtica de un país rico en historia agrícola. Ya sea que cenen en casa o fuera de ella, los franceses saben que la primavera ha llegado cuando aparece el primer brote de espárrago, y que el verano trae delicias de ejotes suaves. Aún en los días fríos del otoño e invierno pueden endulzarse con rebanadas doradas de hinojo asado o un gratín burbujeante de papas, queso y caldo.

ESPÁRRAGOS ASADOS CON VINAGRETA DE ACEITE DE AVELLANA

AVELLANAS Y SU ACEITE
Las avellanas dulces y llenas de mantequilla (también conocidas como filberts) son populares en los platillos franceses tanto dulces como sazonados. Con un delicioso sabor, el aceite de avellanas, que resulta de prensar las nueces sin tostar o tostadas (el aceite de estas últimas tiene un sabor más distintivo), se usa como condimento y aderezo de ensaladas. Su fuerte sabor por lo general se aligera al combinarlo con un aceite más suave, como en esta receta. Los mejores aceites de avellana vienen de Francia y vale la pena buscarlos. Una vez abiertos, almacene en el refrigerador y use dentro de los siguientes 4 meses.

Precaliente el horno a 180ºC (350ºF). Extienda las avellanas en una sola capa sobre una charola para hornear y hornee, moviendo de vez en cuando para dorar uniformemente, cerca de 10 minutos, hasta que las nueces despidan su aroma y las pieles empiecen a separarse. Retire del horno, envuelva las nueces aún calientes en una toalla de cocina y frote con fuerza para retirar las pieles. No se preocupe si quedan trozos de piel. Pique toscamente y reserve.

En un tazón pequeño, bata el aceite de avellana con 3 cucharadas del aceite de oliva, el vinagre, ¼ de cucharadita de sal y ¼ de cucharadita de pimienta hasta mezclar por completo. Reserve.

Eleve la temperatura del horno a 230ºC (450ºF). Si la piel de los espárragos parece dura y tiesa, retírela hasta aproximadamente 5 cm (2 in) de la punta. Coloque los espárragos sobre una charola de hornear y mezcle con la cucharada restante de aceite de oliva y un poco de sal y pimienta, cubriéndolos uniformemente.

Ase los espárragos aproximadamente 12 minutos, hasta que las puntas estén suaves y ligeramente doradas. Los espárragos delgados se cocinarán más rápidamente; no los cocine demasiado.

Pase los espárragos a un platón caliente y bañe con la vinagreta. Adorne con las avellanas tostadas y sirva calientes.

RINDE 4 PORCIONES

½ taza (75 g/2½ oz) de avellanas (filberts)

3 cucharadas de aceite de avellana

4 cucharadas (69 ml/2 fl oz) de aceite de oliva extra virgen

2 cucharadas de vinagre de vino blanco

Sal y pimienta recién molida

750 g (1½ lb) de puntas de espárragos, sin puntas duras

PORO A LA VINAGRETA

8 poros, aproximadamente 1.5 kg (3 lb) en total, incluyendo sus partes suaves de color verde y sus raíces, limpias pero intactas

3 cucharadas de aceite de oliva

1½ taza (375 ml/12 fl oz) de caldo de pollo (página 110) o caldo preparado bajo en sodio

2 cucharadas de perejil liso (italiano) fresco, más el necesario para adornar

1 cucharada de jugo de limón fresco

1½ cucharaditas de mostaza de Dijon

Sal y pimienta recién molida

Corte los poros a la mitad a lo largo, asegurándose de que las raíces los mantengan unidos y enjuague perfectamente (*vea explicación a la derecha*).

En una sartén para freír suficientemente grande para dar cabida a los poros en una sola capa, caliente 2 cucharadas del aceite de oliva sobre calor medio-alto. Acomode los poros en la sartén y saltee, usando unas pinzas para voltearlos de vez en cuando, cerca de 5 minutos, hasta que se doren ligeramente. Agregue el caldo y las 2 cucharadas de perejil y hierva a fuego lento. Tape y cocine hasta que los poros se sientan suaves al picarlos con un cuchillo filoso, aproximadamente 10 minutos más. Pase los poros a un platón.

Agregue la cucharada restante de aceite de oliva, jugo de limón y la mostaza a la sartén para freír, colocada sobre calor medio y bata para combinar. Sazone al gusto con sal y pimienta. Vierta la vinagreta sobre el poro y adorne con el perejil. Sirva de inmediato.

Para servir: Estos poros también son excelentes si se sirven fríos. Tápelos y refrigérelos por lo menos durante 4 horas o hasta durante toda la noche.

RINDE DE 4 A 6 PORCIONES

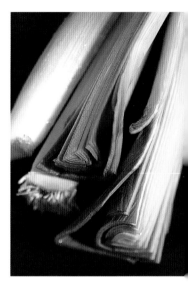

POROS

Los poros son una parte integral de la potager o "jardín de la cocina". Su delicado sabor a cebolla y su textura sedosa lo convierte en una entrada popular o una deliciosa guarnición. Como los poros crecen mejor en tierra arenosa, deben lavarse con cuidado para retirar toda la arena que almacena entre las hojas. Para enjuagar los poros, corte las puntas de las raíces pero deje el resto. Corte las puntas con hojas de color verde oscuro, retire las hojas descoloridas del exterior del tallo. Separe los poros a lo largo y enjuague cuidadosamente bajo el chorro de agua, abriendo las capas con suavidad para lavar y retirar toda la suciedad.

EJOTES CON CHALOTE Y LIMÓN

Hierva en una olla tres cuartas partes de agua. Agregue los ejotes y cocine de 5 a 7 minutos aproximadamente, hasta que estén de un tono verde brillante y suaves, pero aún se sientan ligeramente resistentes al morderlos. Escurra los ejotes, y sumérjalos en un tazón con agua y hielo para detener el cocimiento. Escurra y reserve.

En una sartén para freír sobre calor medio, caliente el aceite de oliva. Agregue el chalote y saltee aproximadamente 2 minutos, hasta suavizar. Eleve la temperatura a media-alta, agregue los ejotes y saltee cerca de 2 minutos, hasta que empiecen a dorarse. Integre la cáscara de limón y cocine de 30 a 60 segundos más. Retire del calor y sazone al gusto con sal y pimienta. Pase los ejotes a un platón precalentado, adorne con el perejil y sirva de inmediato.

RINDE DE 4 A 6 PORCIONES

HARICOTS VERTS

Los ejotes verdes de Francia, llamados haricots verts, son mucho más delgados y tienen un sabor más delicado que todas las otras variedades de ejotes. Muchos agricultores especializados fuera de Francia ahora cultivan estos ejotes, por lo que puede buscarlos en su mercado local durante el verano. O, por el contrario, use los ejotes verdes más delgados y suaves que pueda encontrar para hacer este platillo y úselo como guarnición.

750 g (1½ lb) de haricots verts (*vea explicación a la izquierda*) o ejotes verdes, sin puntas

2 cucharadas de aceite de oliva

1 chalote, picado

1 cucharadita de cáscara de limón, finamente picada

Sal y pimienta recién molida

1 cucharada de perejil liso (italiano) fresco, finamente picado

HINOJO ASADO

4 bulbos de hinojo, aproximadamente de 375 g (¾ lb) cada uno, limpios y en cuartos, guardando algunas hojas para adornar

10 dientes de ajo, sin piel pero enteros

3 cucharadas de aceite de oliva

Sal y pimienta recién molida

Precaliente el horno a 220ºC (425ºF).

En una sartén poco profunda para asar, combine el hinojo, dientes de ajo y aceite de oliva. Espolvoree con sal y pimienta y mezcle hasta que el hinojo esté cubierto uniformemente.

Ase aproximadamente durante 1 hora, volteando los trozos de hinojo y dientes de ajo cada 20 minutos, hasta que el hinojo se suavice, esté ligeramente dorado y caramelizado. Pase a un platón precalentado y adorne con las hojas reservadas de hinojo y sirva de inmediato.

Para Servir: Este platillo es excelente si se sirve como guarnición del Asado de Pollo (página 13), Sole Meunière (página 56) o Filetes Mignon con Salsa Roquefort (página 81).

RINDE DE 4 A 6 PORCIONES

HINOJO

A lo largo del Mediterráneo el hinojo es un vegetal muy codiciado. Los bulbos crudos tienen cierto parecido al apio y su sabor es muy parecido al anís. Cuando se cocinan, se hacen suaves y tiernos. Para recortar el bulbo de hinojo, corte las hojas tipo pluma y los tallos y deseche las capas duras o descoloridas del bulbo. Usando un cuchillo filoso, parta el bulbo a lo largo. Corte la base del corazón si está demasiado grueso y duro.

PAPAS A LA LEONESA

En una sartén grande antiadherente sobre calor medio, derrita 1 cucharada de la mantequilla con 1 cucharada del aceite de oliva. Agregue la cebolla y saltee de 5 a 7 minutos, moviendo frecuentemente, hasta que se dore y caramelice. Pase la cebolla a un tazón.

En la misma sartén para freír sobre calor medio, derrita ½ cucharada de la mantequilla y el aceite restante. Agregue la mitad de las rebanadas de papas y cocine aproximadamente 4 minutos, agregando más mantequilla o aceite si fuera necesario, hasta que las papas se doren por ambos lados. Pase al tazón con la cebolla. Repita con la mantequilla, aceite y papas restantes.

Vuelva a poner la cebolla y las papas en la sartén para freír y agregue el caldo. Eleve la temperatura a alta, tape y hierva 2 minutos. Destape la sartén y hierva cerca de 3 minutos más, hasta que se reduzca el líquido a tres cuartas partes. Retire del calor, integre el perejil y sazone al gusto con sal y pimienta. Pase a un platón profundo precalentado con ayuda de una cuchara y sirva de inmediato.

Para Servir: Estas papas son una buena guarnición para muchos platillos de carne, incluyendo la carne a la parrilla, cordero y chuletas de ternera.

RINDE 4 PORCIONES

2 cucharadas de mantequilla sin sal, más la necesaria

2 cucharadas de aceite de oliva, más el necesario

1 cebolla amarilla grande, finamente rebanada

10 a 20 papas cambray blancas o rojas, aproximadamente 1 kg (2 lb) en total, sin piel y finamente rebanadas

½ taza (125 ml/4 fl oz) de caldo de pollo (página 110) o caldo preparado bajo en sodio

2 cucharadas de perejil liso (italiano) fresco, finamente picado

Sal y pimienta recién molida

PAPAS A LA LEONESA
Este platillo muy conocido de papas se llama así en recuerdo de Lyon, una ciudad al centro de Francia renombrada por su riqueza de recursos culinarios, incluyendo productos de muy alta calidad (la más notable especie de cebollas), una variedad sorprendente de salsas y quesos y uno de los vinos favoritos de Francia, el Beaujolais. Más específicamente, el término *lyonnaise* (leonés) se refiere al platillo hecho con cebollas salteadas y a menudo adornado con perejil fresco picado. Para hacer que este platillo sea tan delicioso que valiera la pena servirlo en cualquier bouchon o bistro, asegúrese de saltear las cebollas hasta obtener un caramelizado tono café dorado.

PAPAS SAVOYARDE

3 cucharadas de mantequilla sin sal, cortada en trozos pequeños, más 1 cucharada de mantequilla derretida

3 dientes de ajo, picados

2 cucharadas de perejil liso (italiano) fresco, finamente picado

1½ taza (185 g/6 oz) de queso Gruyère, rallado

Pimienta recién molida

4 a 6 papas russet, Yukon gold, o papas blancas. Aproximadamente 1.25 kg (2½ lb) en total, sin piel y cortadas en rebanadas de 6 mm (¼ in) de grueso

1½ taza (375 ml/12 fl oz) de caldo de pollo (página 110) o caldo preparado bajo en sodio

Precaliente el horno a 190ºC. Barnice la base y lados de un refractario con capacidad de 2 l (2 qt) con la mantequilla derretida. En un tazón pequeño, mezcle el ajo con el perejil, queso y ¼ de cucharadita de pimienta.

Coloque en el refractario una capa con una tercera parte de las papas, cúbralas con una tercera parte de la mezcla de ajo y queso y báñelas con una cucharada de la mantequilla. Repita la operación poniendo la mitad de las papas restantes, mezcla de ajo y queso y mantequilla. Cubra con las papas restantes. Vierta el caldo sobre ellas, espolvoree con el resto de mezcla de ajo y queso uniformemente y bañe con la cucharada restante de mantequilla. Tape con papel aluminio engrasado con mantequilla y hornee durante 30 minutos.

Retire el papel aluminio y continúe horneando sin tapar, de 30 a 40 minutos más, hasta que la cubierta se dore y quede crujiente y las papas se sientan suaves al picarlas con un tenedor. Sirva de inmediato.

RINDE 6 PORCIONES

GRATÍN DE PAPA

Las papas cremosas dauphinoise son un platillo muy renombrado, pero esa versión crujiente de gratin de papas viene de la zona de Dauphine, región de Saboya, en donde el caldo de pollo o res y un poco de mantequilla humedece y enriquece las papas. Los gratines de papa, una especialidad francesa, se reconocen rápidamente por sus recubrimientos dorados y crujientes, a menudo cubiertos de queso o migas de pan para darle una mayor textura y sabor. Los platillos tradicionales de gratin son vastos y lo suficientemente profundos para permitir un delicioso contraste entre la superficie burbujeante y dorada y las capas suaves debajo de ella.

MARISCOS Y AVES

Los pollos de Bresse alimentados con maíz, los patos deliciosos de Gascuña, las vieiras en salmuera de Bretaña y los mariscos abundantes de Niza y Marsella, han inspirado a generaciones de chefs franceses a crear formas nuevas y deliciosas de preparar los mariscos y el pollo. Desde un clásico coq au vin hasta la sustanciosa bouillabaisse, estos son algunos de los platillos preferidos de la cocina francesa.

SOLE MEUNIÈRE

Coloque la harina en un tazón poco profundo o en una bolsa grande de plástico con cierre hermético y sazone con sal y pimienta. Reboce los filetes sobre la harina sazonada (*vea explicación a la izquierda*).

En una sartén grande para freír sobre calor medio-alto, derrita 2 cucharadas de la mantequilla con 1 cucharada del aceite de oliva. Sacuda el exceso de harina de la mitad de los filetes y coloque en la sartén. Cocine hasta que estén dorados por un lado, aproximadamente 2 minutos. Voltee cuidadosamente y cocine, hasta dorar por el otro lado, que se sientan suaves al picarlos con un tenedor y que estén totalmente opacos, aproximadamente 1 minuto más, dependiendo del grosor de los filetes. Páselos a un platón precalentado y tape ligeramente con papel aluminio. Repita la operación con la mantequilla, el aceite de oliva y los filetes restantes.

Agregue el jugo de limón y el perejil a la sartén y mezcle sobre calor medio-alto durante 1 minuto para permitir que se mezclen los sabores. Pase los filetes a platos individuales precalentados y cubra con cucharadas de la salsa caliente sobre cada porción. Sirva de inmediato.

RINDE DE 4 A 6 PORCIONES

½ taza (75 g/2½ oz) de harina de trigo (simple)

Sal y pimienta recién molida

De 8 a 10 filetes de sole, huachinango o lenguado aproximadamente
1 kg (2 lb) en total, sin piel, lavados y secos

4 cucharadas (60 g/2 oz) de mantequilla sin sal

2 cucharadas de aceite de oliva

¼ taza (60 ml/2 fl oz) de jugo de limón fresco

2 cucharadas de perejil liso (italiano) fresco, finamente picado

BOUILLABAISSE

2 cucharadas de aceite de
oliva

2 cebollas amarillas o
blancas, finamente picadas

2 zanahorias, sin piel y
finamente picadas

4 dientes de ajo, finamente
picados

1 lata grande (875 g/28 oz)
de jitomate en trozos, con
su jugo

2 tazas (500 ml/16 fl oz) de
vino blanco o vino tinto con
cuerpo

2 tazas (500 ml/16 fl oz) de
caldo de pescado (página
111)

2 trozos gruesos de piel de
naranja, retirada con un
pelador

1 pizca de hilos de azafrán

500 g (1 lb) de filetes de
pescado blanco firme como
el lenguado, huachinango o
robalo limpio, enjuagado y
cortado en trozos de 5 cm
(2 in)

500 g (1 lb) de mejillones,
limpios y sin barbas
(página 22)

375 g (¾ lb) de callos de
hacha o vieiras, cortadas
horizontalmente a la mitad

Sal y pimienta recién
molida

De 6 a 12 rebanadas
delgadas de pan baguette,
ligeramente tostadas

Rouille (*vea explicación a la
derecha*) para acompañar

¼ taza (10 g/⅓ oz) de
perejil liso (italiano)
fresco, finamente picado

En una olla grande para sopa sobre calor medio-alto, caliente el aceite. Agregue las cebollas y saltee de 5 a 7 minutos, moviendo ocasionalmente, hasta que estén suaves y ligeramente doradas. Agregue las zanahorias y saltee hasta que estén ligeramente suaves, de 4 a 5 minutos. Añada el ajo y cocine 1 minuto.

Integre los jitomates con su jugo, el vino, caldo y cáscara de naranja y hierva a fuego lento sobre calor medio. Tape parcialmente y cocine aproximadamente 15 minutos, hasta que la sopa aromatice y las verduras estén suaves.

Retire y deseche la cáscara de naranja. En una licuadora o procesador de alimentos, haga un puré con la sopa trabajando en tandas, asegurándose de dejar cierta textura y vuelva a colocar la sopa en la olla. O, si lo desea, mezcle con una licuadora manual dentro de la olla.

Eleve la temperatura a media-alta. Agregue el azafrán, pescado y mejillones, desechando aquellos mejillones que no se cierren al tocarlos. Tape y cocine de 6 a 8 minutos, hasta que el pescado esté totalmente opaco y los mejillones se hayan abierto. Deseche los mejillones que no se hayan abierto. Agregue las vieiras y cocine aproximadamente 2 minutos, hasta que estén totalmente opacas. Sazone al gusto con sal y pimienta.

Sirva la sopa en tazones precalentados, dividiendo los mariscos uniformemente. Acomode 1 ó 2 rebanadas del pan tostado sobre cada ración y ponga un poco de *rouille* sobre cada pan. Adorne con el perejil y sirva inmediatamente.

RINDE 6 PORCIONES

ROUILLE

Una mayonesa con sabor a ajo y puntos de color rojo, la *rouille* ("rust" en francés) es un acompañamiento tradicional para la bouillabaisse. Para hacer la *rouille*, combine 4 dientes de ajo y 1 pimiento rojo asado, sin piel y finamente picado (capsicum) en una licuadora o procesador de alimentos y muela hasta incorporar por completo. Agregue 1 taza (250 ml/8 fl oz) de mayonesa hecha en casa (página 111) o comprada de muy buena calidad y mezcle hasta que esté suave. Sazone al gusto con sal, pimienta negra y pimienta de cayena. Refrigere la *rouille* en un recipiente tapado hasta el momento de servir o hasta por 5 días. Rinde 1¼ taza (310 ml/10 fl oz).

SALMÓN ASADO CON LENTEJAS CALIENTES

En un cazo sobre calor medio-alto, combine las lentejas y 3¼ tazas (820 ml/26 fl oz) del caldo y hierva. Reduzca la temperatura a media-baja, tape y hierva aproximadamente 30 minutos, hasta que las lentejas estén suaves pero no estén pegajosas (quizás necesite agregar un poco de agua hacia el final del cocimiento). Escurra y reserve.

En una sartén para freír sobre calor medio, caliente 3 cucharadas del aceite de oliva. Agregue la cebolla y saltee de 5 a 7 minutos, hasta suavizar. Agregue el apio y la zanahoria y saltee cerca de 2 minutos, hasta suavizar ligeramente. Añada el pimiento y saltee hasta suavizar, aproximadamente 2 minutos.

Incorpore las lentejas y saltee aproximadamente 2 minutos sobre calor medio para permitir que se mezclen los sabores. Integre el jugo de limón, la cucharada restante de aceite de oliva, el perejil y la albahaca picada. Sazone con sal y pimienta al gusto. Pase 1 taza (220 g/7 oz) de la mezcla de lentejas a la licuadora o procesador de alimentos. Muela hasta hacer puré, agregando el caldo necesario de los ¾ de taza (180 ml/6 fl oz) restantes para lograr la consistencia de una salsa. Vuelva a poner en la sartén con las lentejas enteras y mezcle. Pruebe y rectifique la sazón. Tape, retire y mantenga caliente.

Precaliente el horno a 230ºC (450ºF). Sazone el salmón con sal y pimienta. Coloque los filetes sobre una charola de hornear y ase hasta que estén totalmente opacos, dependiendo del grosor de los filetes, aproximadamente 12 minutos.

Monte una cantidad uniforme de las lentejas sobre cada plato individual y coloque un filete de salmón sobre cada porción de lentejas. Adorne con las ramas de perejil y las hojas de albahaca y sirva de inmediato.

RINDE 6 PORCIONES

LENTEJAS DE PUY
El pueblo de Le Puy en la región Auvergne al este de Francia, es famoso por sus diminutas lentejas verde olivo, conocidas como *lentejas de Puy,* o simplemente lentejas francesas. Estas lentejas tan cotizadas se cultivan en verano y tradicionalmente se secan bajo los fuertes rayos del sol. A diferencia de las lentejas más comunes de color café, que pueden quedar muy suaves y perder su forma al cocinarse, las lentejas francesas mantienen su forma parecida a un lente y su delicado sabor, convirtiéndolas en un ingrediente favorito para las ensaladas y guarniciones de lentejas.

¾ taza (155 g/5 oz) de lentejas francesas verdes, escogidas, enjuagadas y escurridas

4 tazas (1 l/32 fl oz) de caldo de pollo (página 110) o caldo preparado bajo en sodio

4 cucharadas (60 ml/2 fl oz) de aceite de oliva

1 cebolla morada, finamente picada

1 tallo de apio, en cubos pequeños

1 zanahoria, sin piel y en cubos pequeños

1 pimiento rojo pequeño (capsicum) sin semillas y en cubos pequeños

3 cucharadas de jugo de limón fresco

2 cucharadas de perejil liso (italiano) fresco, finamente picado, más algunas ramas para decorar

2 cucharadas de albahaca fresca picada, más algunas hojas pequeñas para adornar

Sal y pimienta recién molida

6 filetes de salmón, aproximadamente de 250 g (½ lb) cada uno, limpio, enjuagado y seco

VIEIRAS SAINT-JACQUES A LA PROVENZAL

5 cucharadas (75 ml/2½ fl oz) de aceite de oliva

2 chalotes, finamente picados

6 dientes de ajo, picados

1 taza (185 g/6 oz) de jitomate en trozo, con su jugo

½ taza (125 ml/4 fl oz) más 2 cucharadas de vino blanco seco

1 cucharada de perejil liso (italiano) fresco, finamente picado, más algunas ramas para adornar

1 cucharada de albahaca fresca, finamente picada

Sal y pimienta recién molida

¼ taza (75 g/1½ oz) de harina de trigo (simple)

750 g (1½ lb) de vieiras o callo de hacha

En una sartén grande para freír sobre calor medio-alto, caliente 2 cucharadas del aceite de oliva. Agregue los chalotes y saltee aproximadamente 2 minutos, hasta suavizar. Añada el ajo y saltee cerca de 1 minuto, hasta suavizar pero no deje dorar. Incorpore los jitomates, con su jugo, la ½ taza de vino, el perejil picado, la albahaca y la sal y pimienta al gusto; hierva. Reduzca la temperatura a media y cocine de 3 a 5 minutos, hasta que la salsa esté ligeramente espesa. Pruebe y rectifique la sazón. Retire y mantenga caliente.

Coloque la harina en una bolsa de plástico grande con cierre hermético y sazone con sal y pimienta. Agite para integrar. Coloque las vieiras dentro de la bolsa y agite suavemente hasta que se cubran uniformemente con la harina.

En una sartén grande para freír sobre temperatura media-alta, caliente las 3 cucharadas restantes de aceite de oliva. Sacuda el exceso de harina de las vieiras, colóquelas en la sartén y saltee, volteando una sola vez, hasta dorar por ambos lados y que estén totalmente opacas, aproximadamente 2 minutos de cada lado. Agregue las 2 cucharadas restantes de vino y desglase la sartén moviendo para raspar todos los trocitos dorados. Agregue el puré de jitomate y mezcle suavemente para cubrir las vieiras. Pase a un platón, adorne con las ramas de perejil y sirva de inmediato.

RINDE 4 PORCIONES

INGREDIENTES PROVENZALES

Las *coquilles Saint Jacques*, el nombre francés para las vieiras, también es el nombre para el método clásico de prepararlas en el que las vieiras se remojan en una salsa cremosa de vino blanco y se gratinan con queso y migas de pan. En esta versión fresca de Provenza, la crema y el queso se sustituyeron por jitomates, aceite de oliva, ajo y albahaca. Estos sabores del Mediterráneo, populares en todo el sur de Europa, son muy parecidos a la cocina provenzal, con su clima costero templado y cercanía a Italia.

POLLO DIJONNAISE

En una sartén grande para freír sobre calor medio-alto, derrita 2 cucharadas de la mantequilla con 1 cucharada del aceite de oliva. Agregue las pechugas de pollo y saltee, volteando una sola vez, hasta dorar por ambos lados, aproximadamente 3 minutos por cada lado. Pase a un platón precalentado y tape ligeramente con papel aluminio para mantener calientes.

Agregue la cucharada restante de mantequilla y aceite de oliva a la sartén sobre calor medio-alto y caliente hasta que la mantequilla espume. Agregue los chalotes y saltee aproximadamente 2 minutos, hasta suavizar. Añada el vino, caldo y ajo y deje hervir hasta que el líquido se reduzca a aproximadamente ½ taza (125 ml/4 fl oz), cerca de 2 minutos.

Integre la crema y la mostaza batiendo y vuelva a hervir. Cuando suelte el hervor, reduzca la temperatura a media y cocine cerca de 3 minutos, hasta que la salsa esté ligeramente espesa. Incorpore, batiendo, el estragón, tomillo, sal y pimienta blanca al gusto. Pruebe y rectifique la sazón.

Vuelva a colocar las pechugas de pollo y su jugo en la sartén y cocine cerca de 5 minutos, justo hasta que estén calientes y totalmente opacas, dependiendo del grosor. No cocine de más. Acomode las pechugas de pollo sobre platos individuales. Bañe con cucharadas de la salsa, adorne con el perejil y sirva de inmediato.

RINDE DE 4 A 6 PORCIONES

MOSTAZA DIJON

Para los franceses, la ciudad de Dijon es considerada la capital de Borgoña, una de las regiones vitivinícolas más grandes. Sin embargo, para el resto del mundo, Dijon es mejor conocida por su condimento famoso, la mostaza Dijon. Al usar una mezcla de semillas de harina de mostaza finamente molidas y *verjus*, el jugo ácido de las uvas que no han madurado, los fabricantes de mostaza de Dijon producen más de la mitad de la mostaza de Francia, por lo que muchos de los platillos llevan el nombre de dijonnaise ya que casi siempre llevan mostaza. Si desea una mostaza con granos y textura gruesa, busque los frascos etiquetados *à l'ancienne* o *en grains*.

3 cucharadas de mantequilla sin sal

2 cucharadas de aceite de oliva

6 pechugas de pollo en mitades, deshuesadas y sin piel, aproximadamente de 185 g (6 oz) cada una

2 chalotes, finamente picados

½ taza (125 ml/4 fl oz) de vino blanco seco

1 taza (250 ml/8 fl oz) de caldo de pollo (página 110) o caldo preparado bajo en sodio

2 dientes de ajo, picados

¾ taza (180 ml/6 fl oz) de crema espesa (doble)

3 cucharadas de mostaza Dijon, de preferencia de grano entero

1 cucharada de estragón fresco, finamente picado ó 1 cucharadita de seco

1 cucharadita de tomillo fresco, finamente picado ó ½ cucharadita de seco

Sal y pimienta blanca recién molida

2 cucharadas de perejil liso (italiano) fresco, finamente picado

COQ AU VIN

6 rebanadas de tocino, aproximadamente 155 g (5 oz) de peso total, cortado en trozos de 2.5 cm (1 in)

¼ taza (45 g/1½ oz) de harina de trigo (simple)

Sal y pimienta recién molida

3 mitades de pechuga de pollo, con piel y hueso

3 muslos de pollo, con piel y hueso

3 alas de pollo

3 cucharadas de aceite de oliva

¼ taza (60 ml/2 fl oz) de brandy

2 tazas (500 ml/16 fl oz) de vino tinto con cuerpo

1 cucharada de puré de jitomate

3 dientes de ajo, picados

250 g (½ lb) de champiñones blancos, cepillados y en cuartos

315 g (10 oz) de cebollitas de cambray frescas o perlas de cebolla precocidas congeladas,

2 cucharadas de perejil liso (italiano) fresco, finamente picado

En un horno holandés u olla sobre calor medio, cocine el tocino de 4 a 5 minutos, hasta que esté crujiente. Usando una cuchara ranurada, páselo a toallas de papel para escurrirlo. Deje una cucharada de la grasa del tocino en la olla y deseche el resto.

Coloque la harina en una bolsa grande de plástico con cierre hermético y sazone con sal y pimienta. Agite para mezclar bien. Coloque las piezas de pollo dentro de la bolsa (trabajando en tandas si fuera necesario) y agite hasta cubrir uniformemente.

Agregue 2 cucharadas del aceite de oliva a la olla con la grasa del tocino reservada y caliente sobre calor medio-alto. Sacuda el exceso de harina del pollo. Agregue la mitad de las piezas de pollo a la olla y cocine hasta dorar uniformemente por todos lados, de 5 a 7 minutos. Pase a un tazón y repita con las piezas restantes.

Vuelva a colocar el pollo en la olla fuera del calor. Vierta el brandy sobre el pollo. Vuelva a poner sobre calor medio-bajo y cocine para calentar el brandy, cerca de 30 segundos. Una vez más, retire la olla del calor. Asegúrese de que el extractor esté apagado y, retirando su cara, use un cerillo largo de cocina para encender el brandy. Cuando el alcohol se haya consumido, se apagarán las llamas. (Tenga la tapa de una sartén a la mano para usarla en caso de que las flamas sean demasiado grandes). Cuando las flamas desaparezcan, integre el vino, pasta de jitomate y ajo y tape la olla. Hierva a fuego lento sobre calor medio-bajo y cocine el pollo, volteando las piezas una sola vez, hasta que estén suaves y totalmente opacas, aproximadamente 50 minutos.

Mientras tanto, en una sartén para freír sobre calor medio, caliente la cucharada restante de aceite. Agregue los champiñones y saltee de 3 a 5 minutos hasta que estén ligeramente suaves. Eleve la temperatura a media-alta, agregue las cebollitas y cocine de 2 a 3 minutos más, moviendo de vez en cuando, hasta que estén ligeramente glaseadas y totalmente calientes. Sazone con sal y pimienta.

Cuando el pollo esté cocido y la salsa haya espesado ligeramente, agregue la mezcla de champiñones con cebolla y el perejil; mezcle hasta integrar por completo. Pruebe y rectifique la sazón. Pase a un platón y sirva de inmediato.

RINDE DE 4 A 6 PORCIONES

FLAMEANDO

Al hablar de flameado a menudo pensamos en la presentación impresionante junto a la mesa en la que una llama azul sale de una sartén con *plátanos flameados* bañados con licor o cerezas jubilee. Sin embargo, el flameado también es un paso esencial al hacer coq au vin y otros platillos y salsas que llevan licor. Al quemar rápidamente el alcohol volátil, el flameado impregna al platillo con aroma y sabor, quitando el fuerte sabor de los licores crudos o fuertes.

PECHUGAS DE PATO SALTEADAS
CON MIEL DE LAVANDA

MIEL DE LAVANDA
La miel de lavanda está hecha del néctar de las flores de lavanda que abundan en la región de Provenza. Al igual que el vino, que varía en sabor dependiendo de las uvas que se usan, la miel cambia su sabor y color dependiendo del néctar reunido por las abejas.
Las flores de lavanda proporcionan una miel con un delicado sabor a flor y hierba que evoca las colinas doradas del sur de Francia. Busque la miel de lavanda importada de Francia en las tiendas especializadas en alimentos, o busque miel de lavanda cultivada en su localidad por algún fabricante de miel particular.

Coloque las mitades de pechuga de pato entre dos hojas de papel encerado. Usando una sartén gruesa para freír o la parte plana de un mazo de carnicero, golpee las pechugas para obtener un grosor uniforme. Usando un cuchillo muy filoso, haga marcas sobre la piel del pato dibujando cuadros, asegurándose de no cortar la carne.

En una sartén grande antiadherente para freír sobre calor medio-alto, derrita 1 cucharada de la mantequilla. Agregue las pechugas de pato, con su piel hacia abajo y saltee de 5 a 7 minutos, hasta que la piel esté dorada y muy crujiente. Voltee y saltee aproximadamente 5 minutos más, hasta que estén cocidas a término medio-rojo (ligeramente suaves pero aún resistentes si se presionan en el centro). Pase a un platón precalentado, con la piel hacia arriba. Reserve la sartén para freír.

Combine 1 cucharada de la miel con el agua hirviendo y mezcle hasta que se disuelva la miel. Barnice la piel de las pechugas de pato con la mezcla de miel y tape ligeramente con papel aluminio.

Deje 2 cucharadas del jugo que hay en la sartén y deseche el resto. Caliente sobre calor medio-alto. Agregue los chalotes y saltee aproximadamente 1 minuto, hasta suavizar. Añada el caldo, la cucharada restante de miel y el vinagre; eleve la temperatura a alta. Hierva cerca de 3 minutos, hasta que la mezcla se reduzca y tome la consistencia de una salsa ligera para glasear. Integre la cucharada restante de mantequilla, batiendo para espesar y agregar brillo a la salsa. Sazone al gusto con sal y pimienta.

Pase las pechugas de pato a una tabla para cortar. Corte en rebanadas delgadas en diagonal en contra del grano de la carne y acomode sobre platos individuales. Bañe con cucharadas de la salsa y sirva de inmediato.

Notas: Si le es posible, compre pechugas de pato frescas, ya que el sabor es superior. Las pechugas congeladas tienden a tener una consistencia parecida al caucho después de descongelarse. Busque consomé de res de lata, o de ternera o pato en la sección de alimentos congelados o en los mercados bien surtidos.

RINDE 2 PORCIONES

2 mitades de pechuga de pato, aproximadamente 500 g (1 lb) en total, con piel (vea las Notas)

2 cucharadas de mantequilla sin sal

2 cucharadas de miel de lavanda

1 cucharada de agua hirviendo

2 chalotes, picados

½ taza (125 ml/4 fl oz) de caldo de res en lata (vea las Notas)

1 cucharadita de vinagre de vino tino

Sal y pimienta recién molida

CODORNIZ ASADA CON MANTEQUILLA DE HIERBAS

PARA LA MANTEQUILLA DE HIERBAS:

4 cucharadas (60 g/2 oz) de mantequilla sin sal, a temperatura ambiente

1 diente de ajo, picado

¼ cucharadita de orégano seco

¼ cucharadita de tomillo seco

1 cucharadita de perejil liso (italiano) fresco, finamente picado

Sal y pimienta molida fino

PARA LA MARINADA:

¼ taza (60 ml/2 fl oz) de aceite de oliva

2 cucharadas de vinagre de vino tinto

2 chalotes, finamente picados

2 dientes de ajo, picados

¼ cucharadita de orégano seco

¼ cucharadita de tomillo seco

Sal y pimienta recién molida

8 codornices de 125 g (4 oz) cada una, partidas a la mitad (vea la Nota)

Hojas de perejil liso (italiano) fresco, para adornar

Para hacer la mantequilla de hierbas, use una cuchara de madera y combine la mantequilla, ajo, orégano, tomillo, perejil y sal y pimienta al gusto, hasta incorporar por completo. Pase a una hoja de papel encerado y de la forma de barra. Envuelva y refrigere por lo menos 30 minutos o hasta por 3 días.

Para hacer la marinada, combine en un tazón pequeño el aceite de oliva, vinagre, chalotes, ajo, orégano, tomillo y sal y pimienta al gusto. Coloque la codorniz en un tazón grande o una bolsa de plástico con cierre hermético y agregue la marinada. Repita la operación con las demás codornices. Tape o selle y deje marinar, volteando ocasionalmente de 2 a 4 horas dentro del refrigerador.

Enciende el carbón en un asador para exteriores y déjelo quemarse hasta que esté cubierto por una ceniza blanca. Deje los carbones apilados en el centro del asador; no los extienda. Si el asador es de gas, precaliéntelo a temperatura alta y después reduzca a media. O, si lo desea, use una sartén para asar sobre calor medio-alto. Engrase ligeramente con aceite la rejilla del asador o la sartén. Retire la codorniz de la marinada y acomode sobre la rejilla o sartén. Ase de 10 a 12 minutos, volteando conforme sea necesario para dorar uniformemente, hasta que la carne de la pechuga esté cocida por completo y no tenga porciones de color rosado y, que al picarla con un cuchillo, el jugo salga claro. Acomode sobre un platón y cubra cada mitad de ave con una rebanada de mantequilla de hierbas. Adorne con las hojas de perejil y sirva de inmediato.

Nota: Estas diminutas aves tienen un sabor muy delicado y son bajas en grasa. Al marinarlas les proporciona un sabor distintivo y nos asegura que una vez cocidas obtendremos un ave jugosa. Para partir la codorniz a la mitad, corte en cualquiera de los lados de la espina dorsal con tijeras de pollo para retirarla. Posteriormente, con un cuchillo grande de chef, corte el ave a la mitad a lo largo, justo en el hueso de la pechuga.

Para Servir: Las espinacas asadas son una buena guarnición para este platillo.

RINDE 4 PORCIONES

MANTEQUILLA COMPUESTA

Las *beurres composés*, o "mantequillas compuestas" son mezclas versátiles de mantequilla acremada con hierbas y sazonadores. Como pueden prepararse fácilmente y se mantienen bien, por lo general se hacen con anterioridad y se les da la forma de una barra, se envuelven en papel encerado y refrigeran. Una vez firme, la mantequilla se puede rebanar según sea necesario para agregar sabor y riqueza a los platillos de carne asada. En los restaurantes franceses, trozos de mantequilla *maître-d'hotel* (con perejil picado, jugo de limón, sal y pimienta) a menudo se colocan sobre carne asada justo antes de servirla. La mantequilla también se puede usar como base para emparedados pequeños para la merienda.

Château de
COTEAUX DU
GRES DE
13% Vol.
Mis en Bouteil
Mas de Périé
03

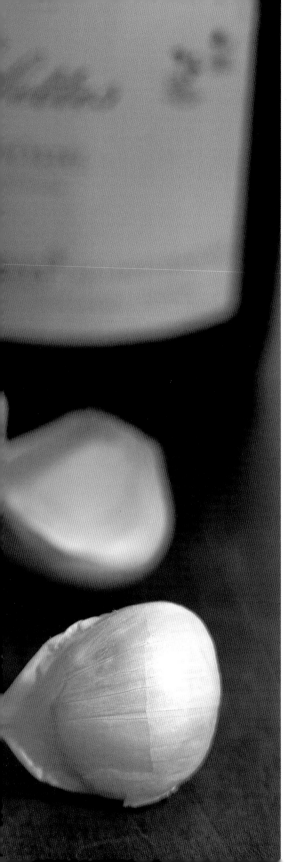

RES, TERNERA, PUERCO O CORDERO

Los deliciosos y sustanciosos platillos de carne de Francia son tan variados como lo es su campiña. Inspirados por los lácteos y huertos de Normandía, el puerco se baña con crema de Calvados, mientras que el queso azul más famoso de Francia cubre los filetes mignon. La carne de res a la cacerola mezcla los sabores sureños del ajo, tomillo y jitomate en un asado clásico y las costillas de cordero cocidas lentamente con ciruelas y servidas con couscous nos muestran una influencia del norte de África.

ENTRECÔTE ASADO
CON RAGOÛT DE HONGOS

Para hacer el ragoût, hierva el vino y el caldo en un cazo sobre calor medio-alto. Hierva de 10 a 15 minutos, hasta que el líquido se reduzca a aproximadamente 1¼ taza (310 ml/10 fl oz). Reserve.

En una sartén grande para freír sobre calor medio-alto, derrita la mantequilla con el aceite de oliva. Agregue los chalotes y saltee hasta suavizar, aproximadamente 3 minutos. Añada los champiñones y saltee hasta suavizar, cerca de 5 minutos. Integre la mezcla de vino reducido y hierva a fuego lento aproximadamente 5 minutos, hasta que la mezcla se convierta en miel. Incorpore la crema, vuelva a hervir a fuego lento y reduzca el ragoût para obtener la consistencia de una salsa, de 2 a 3 minutos. Agregue el perejil y sazone con sal y pimienta al gusto. Reserve y mantenga caliente.

Retire los filetes del refrigerador 30 minutos antes de asarlos. Prepare un fuego con carbón en un asador para exteriores y deje quemar los carbones hasta que se cubran con ceniza blanca. Deje los carbones apilados en el centro del asador; no los extienda. Para un asador de gas, precaliente a temperatura alta y posteriormente reduzca a media-alta. Engrase ligeramente la rejilla del asador. Sazone libremente ambos lados de los filetes con sal y pimienta. Acomode los filetes sobre la rejilla y selle durante 2 minutos. Usando unas pinzas, levante y gire los filetes 90 grados y cocine de 5 a 7 minutos más. (Esto hace marcas en forma de cuadros). Voltee los filetes y repita la operación por el segundo lado, de 7 a 9 minutos. Los filetes deberán estar casi quemados en su exterior y si se inserta un termómetro de lectura instantánea en la parte más gruesa (pero sin tocar el hueso) deberá marcar 57ºC (135ºF) si los desea término medio-rojo.

Pase los filetes a un platón, tape ligeramente con papel aluminio y deje reposar 10 minutos. Sirva enteros o corte en contra del grano en rebanadas de 12 mm (½ in). Cubra con el ragoût y sirva.

RINDE 6 PORCIONES

RAGOÛT

La palabra ragoût, que por lo general se define como un guisado espeso hecho con trozos de carne, pollo, pescado o verduras (en este caso con champiñones), viene del verbo francés *ragoûter,* que significa estimular o revivir el apetito. En la mayoría de los casos, la carne o las verduras se doran primero y después se agregan al guisado. Esta operación agrega color y consistencia a la mezcla, que también contiene vino blanco o tinto y hierbas aromáticas como el perejil.

PARA EL RAGOÛT:

1½ taza (375 ml/12 fl oz) de vino tinto entero

1 taza (250 ml/8 fl oz) de caldo de res (página 111), caldo preparado bajo en sodio o consomé de res en lata

1 cucharada de mantequilla sin sal

3 cucharadas de aceite de oliva

6 chalotes, finamente picados

1 kg (2 lb) de champiñones, cepillados y partidos en cuartos

¼ taza (60 ml/2 fl oz) de crema espesa (doble)

2 cucharadas de perejil liso (italiano), finamente picado

Sal y pimienta recién molida

6 filetes de rib-eye, cada uno de 750 g (1½ lb) y 5 cm (2 in) de espesor, con hueso

Sal y pimienta recién molida

COSTILLAR DE CORDERO ASADO A LA PERSILLADE

2 costillares de cordero, cada uno de 750 a 875 g (1½ – 1¾ lb), con 7 ú 8 chuletas cortadas a la francesa (vea la Nota) y sin grasa

1 taza (60 g/2 oz) de migas gruesas de pan fresco (*vea explicación a la derecha*)

3 cucharadas de aceite de oliva

2 cucharadas de caldo de pollo (página 110) o caldo bajo en sodio preparado

2 chalotes, finamente picados

¼ taza (10 g/⅓ oz) de perejil liso (italiano) fresco, finamente picado

Sal y pimienta recién molida

Ramas de tomillo fresco u hojas de perejil liso (italiano) fresco para adornar

Precaliente el horno a 230ºC (450ºF). Si lo desea, envuelva las puntas de los huesos con papel aluminio para evitar que se quemen. Coloque los costillares de cordero, con el hueso hacia arriba, en una sartén para asar y ase de 18 a 25 minutos, hasta que un termómetro de lectura instantánea insertado en la parte más gruesa del cordero (pero sin tocar el hueso) registre 52ºC (125ºF) para que queden término rojo o 57ºC (135ºF) para término medio-rojo.

Mientras la carne se esté asando, combine en un tazón pequeño las migas de pan, aceite de oliva, caldo, chalotes, perejil, ¼ cucharadita de sal y ⅛ cucharadita de pimienta; mezcle.

Precaliente el asador. Cubra los lados de la carne uniformemente con la mezcla de migas de pan. Coloque el cordero bajo el asador y ase de 2 a 3 minutos, hasta que la cubierta se haya dorado ligeramente. Tenga cuidado para evitar que se queme.

Pase los costillares a una tabla para picar. Rebane en costillas cortando entre los huesos. Pase las costillas a un platón o acomode 2 ó 3 costillas en cada plato individual. Adorne con el tomillo y sirva inmediatamente.

Nota: Cortar "al estilo francés" es una técnica por medio de la cual se retira la carne de la parte superior de una costilla o chuleta para dejar expuesta parte del hueso. Pida a su carnicero que corte las costillas al estilo francés si no lo ha hecho.

Para servir: Para lograr una presentación espectacular, cruce las puntas de los huesos de las costillas de cordero.

RINDE DE 4 A 6 PORCIONES

PERSILLADE

Persillade es una mezcla de migas de pan, perejil y ajo o chalotes humedecidos con mantequilla o aceite de oliva. Al colocarlo sobre el cordero en esta receta y dorarlo rápidamente bajo el asador, las migas crean una crujiente costra dorada sobre la carne. El perejil le agrega un sabor brillante y fresco. Para hacer las migas de pan fresco, coloque rebanadas del pan francés fresco extendido sobre una mesa de trabajo y deje que se sequen durante la noche. O, use pan de días anteriores que ya no esté fresco Corte las costras, rompa el pan en trozos del tamaño de un bocado y muela en una licuadora o procesador de alimentos para obtener la textura deseada.

TERNERA MARENGO

Precaliente el horno a 165ºC (325ºF). Enjuague la ternera y seque. Coloque la harina en una bolsa de plástico grande con cierre hermético y sazone con sal y pimienta. Agite para mezclar bien. Coloque la ternera dentro de la bolsa y agite hasta cubrir uniformemente. Sacuda el exceso de harina de la ternera.

En un horno holandés u olla grande sobre calor medio-alto, caliente 2 cucharadas del aceite de oliva. Agregue la mitad de la ternera a la olla y cocine hasta dorar uniformemente por todos lados, de 4 a 5 minutos. Pase a un tazón. Agregue 2 cucharadas más del aceite de oliva a la olla y repita la operación con la ternera restante.

Agregue 2 cucharadas más de aceite de oliva a la olla y caliente sobre temperatura media-alta. Añada la cebolla y saltee hasta que esté ligeramente dorada y suave, aproximadamente 5 minutos. Incorpore el ajo y saltee 30 segundos. Agregue el vino y desglase la olla, moviendo para raspar bien todos los trozos dorados. Añada los jitomates y su jugo, albahaca, tomillo, piel de naranja y sal y pimienta al gusto y hierva a fuego lento. Vuelva a colocar la ternera en la olla y mueva para combinar.

Tape la olla, pase al horno y ase aproximadamente 1½ hora, hasta que al picarla con un tenedor se sienta suave.

Hacia el final del cocimiento, cueza los champiñones. En una sartén para freír sobre calor medio, caliente la cucharada restante de aceite de oliva. Agregue los champiñones y saltee de 4 a 5 minutos, hasta suavizar. Sazone al gusto con sal y pimienta.

Retire la olla del horno, destape y deseche la cáscara de naranja. Coloque sobre calor alto. Hierva y cocine de 5 a 7 minutos, hasta que el líquido se reduzca una cuarta parte y haya espesado ligeramente. Agregue los champiñones y 2 cucharadas del perejil. Rectifique la sazón. Sirva cucharadas de la ternera sobre los tallarines, adornando con las 2 cucharadas restantes de perejil.

RINDE DE 4 A 6 PORCIONES

1.5 kg (3 lb) de ternera sin hueso para guisar, cortada en trozos de 5 cm (2 in)

¼ taza(45 g/1½ oz) de harina de trigo (simple)

Sal y pimienta recién molida

7 cucharadas (105 ml/3½ oz) de aceite de oliva

1 cebolla amarilla o blanca, finamente picada

2 dientes de ajo, picados

1½ tazas (375 ml/12 fl oz) de vino blanco seco

1¼ taza (250 g/8 fl oz) jitomates en trozos de lata, con su jugo

½ cucharadita de albahaca seca

½ cucharadita de tomillo seco

1 pieza gruesa de piel de naranja, retirada con un pelador

500 g (1 lb) de champiñones, cepillados y en cuartos

4 cucharadas (10 g/⅓ oz) de perejil liso (italiano) fresco, finamente picado

375 g (¾ lb) de tallarines de huevo, cocidos de acuerdo a las instrucciones del paquete

FILETES MIGNON CON SALSA ROQUEFORT

4 filetes mignon de 185 a 250 g (6–8 oz) cada uno

Sal y pimienta recién molida

3 cucharadas de aceite de oliva

2 dientes de ajo, picado

¾ taza (180 ml/6 fl oz) de Oporto Tawny

½ taza (125 ml/4 fl oz) de crema espesa (doble)

125 g (¼ lb) de queso Roquefort, desmoronado

2 cucharaditas de perejil liso (italiano) fresco, picado

Sazone libremente ambos lados de los filetes con sal y pimienta. Elija una sartén para freír lo suficientemente grande para dar cabida a los filetes sin que queden muy apretados. Caliente el aceite de oliva sobre calor medio-alto. Agregue los filetes y selle sobre un lado hasta que estén bien dorados, aproximadamente 5 minutos. Voltee los filetes y selle del segundo lado hasta que estén bien dorados, y que al insertar un termómetro instantáneo en la parte más gruesa registre los 57ºC (135ºF) si los desea término medio-rojo, 3 minutos más dependiendo del grosor. Páselos a un platón precalentado y tape ligeramente con papel aluminio.

Agregue el ajo y Oporto a la sartén y hierva sobre calor alto, moviendo con una cuchara de madera para raspar y soltar los trozos dorados del fondo de la sartén. Hierva hasta reducir a ⅓ de taza (80 ml/3 fl oz), cerca de 2 minutos. Integre la crema, batiendo, y vuelva a hervir. Hierva aproximadamente 2 minutos más, hasta que se reduzca a la mitad. Agregue el queso y bata hasta que se derrita y la salsa espese, cerca de 1 minuto. Sazone al gusto con sal y pimienta.

Pase los filetes a platos individuales precalentados y cubra con cucharadas de la salsa. Adorne con el perejil y sirva de inmediato.

RINDE 4 PORCIONES

QUESO ROQUEFORT

Uno de los quesos más deliciosos de Francia, el queso Roquefort, está hecho de leche de borrego y es añejado en cuevas de piedra caliza alrededor de la ciudad de Roquefort-sur-Soulzon al suroeste de Francia. El moho característico del lugar da a este queso sus originales venas azules y un sabor maduro y suave. Busque alguno con el interior húmedo de color amarillo o marfil que tenga esporas anchas del moho azul-verdoso.

CHULETAS DE CORDERO ASADAS CON VINO TINTO, FRUTA SECA Y HIERBAS

CIRUELAS

Durante varios siglos, las ciruelas pasa o ciruelas secas, han sido una especialidad del distrito de Agen en Burdeos, Francia. Hoy en día la mayoría de las ciruelas que se comen en los Estados Unidos se producen en California, pero la variedad más usada para secar sigue siendo la *ciruela de Agen*, introducida en California por los franceses a mediados del siglo XIX. A través de Burdeos y Gascuña, las ciruelas se usan comúnmente en platillos sazonados así como en platillos dulces. Aquí, la combinación de cordero asado con fruta seca también refleja la influencia del norte de África en la cocina francesa.

Precaliente el horno a 165º C (325º F). Coloque la harina en un tazón poco profundo y reboce el cordero ligeramente en la harina. Sazone las rodillas con sal y pimienta. En un horno holandés u olla grande sobre calor medio-alto, caliente 2 cucharadas del aceite de oliva. Agregue el cordero en 2 tandas y cocine cerca de 8 minutos, hasta dorar uniformemente por todos lados. Pase todo el cordero a una sartén grande para asar.

Reduzca la temperatura a media y agregue las 2 cucharadas restantes de aceite de oliva al horno holandés. Agregue las zanahorias, cebollas, apio, albahaca y tomillo y saltee moviendo de vez en cuando, de 6 a 8 minutos, hasta que las verduras estén suaves. Agregue el ajo y cocine durante 1 minuto.

Incorpore el caldo, vino, ciruelas pasa, jitomates machacados con su jugo y el puré de tomate. Hierva a fuego lento sobre calor medio-alto. Vierta la salsa sobre el cordero en la sartén para asar. Tape la sartén herméticamente con papel aluminio y ase en el horno cerca de 2 horas, hasta que la carne esté suave y empiece a separarse del hueso. (Ajuste el tiempo de asado dependiendo del tamaño de las rodillas de cordero).

Pase el cordero a un platón y tape ligeramente con papel aluminio. Desnate la grasa de la superficie de los jugos de la sartén. Vierta los jugos en un cazo y hierva a fuego lento sobre calor medio-alto. Cocine aproximadamente 20 minutos, hasta que los jugos se reduzcan a la mitad y tomen la consistencia de una salsa espesa. Rectifique la sazón. Vierta la salsa sobre el cordero y sirva de inmediato.

Para Servir: Para hacer el couscous de hierbas para acompañar esta receta, prepare 1½ taza (280 g/9 oz) de couscous instantáneo de acuerdo a las instrucciones del paquete. Agregue 1 cucharada de menta fresca o hierbabuena finamente picada y 2 cucharadas de perejil liso (italiano) fresco, finamente picado; esponje con un tenedor para servir.

RINDE 6 PORCIONES

½ taza (75 g/2½ oz) de harina de trigo (simple)

6 rodillas de cordero de 375 a 500 g (¾–1 lb) cada una

Sal y pimienta recién molida

4 cucharadas (60 ml/2 fl oz) de aceite de oliva

2 zanahorias, sin piel y finamente picadas

1 cebolla amarilla o blanca, finamente picada

1 tallo de apio, finamente picado

3 cucharadas de albahaca fresca, finamente picada

2 cucharadas de tomillo fresco, finamente picado

4 dientes de ajo, picados

2 tazas (500 ml/16 fl oz) de caldo de pollo (página 110) o caldo preparado bajo en sodio

2 tazas (500 ml/16 fl oz) de vino tinto seco

280 g (9 oz) de ciruelas pasa sin semilla, cortadas en trozos del tamaño de un bocado

1 taza (185 g/6 oz) de jitomates machacados de lata, con jugo

3 cucharadas de puré de tomate

LOMO DE PUERCO CON MANZANAS Y CALVADOS

2 manzanas pippin u otra variedad de manzana firme y agria, sin piel ni corazón y picada toscamente

1 taza (250 ml/8 fl oz) de Calvados u otro brandy de manzana

4 cucharadas (60 g/2 oz) de mantequilla sin sal

2 cucharadas de aceite de oliva

1 trozo de chuletas de lomo de puerco, sin hueso, de aproximadamente 1.5 kg (3 lb) amarradas (vea la Nota)

Sal y pimienta recién molida

1 cebolla amarilla o blanca, finamente picada

⅓ taza(80 ml/3 fl oz) de crema espesa (doble)

½ taza (125 ml/4 fl oz) de caldo de res o pollo (páginas 110-111) o caldo preparado bajo en sodio

2 cucharadas de perejil liso (italiano) fresco, finamente picado

En un tazón, combine las manzanas con el Calvados. Deje marinar por lo menos durante 30 minutos o hasta por 1 hora.

En un horno holandés u olla grande sobre calor medio-alto, derrita la mantequilla con el aceite de oliva. Sazone libremente el puerco con sal y pimienta. Agregue el puerco a la olla y cocine, volteando con 2 cucharas grandes o pinzas, hasta dorar uniformemente por todos lados, cerca de 5 minutos. Pase a un platón y tape ligeramente con papel aluminio.

Agregue la cebolla a la olla y saltee de 4 a 5 minutos, hasta suavizar y dorar. Agregue la mitad de la mezcla de Calvados y manzanas y mezcle. Reduzca la temperatura a baja, agregue el puerco, tape y hierva a fuego lento durante una hora aproximadamente, hasta que un termómetro de lectura instantánea insertado en el centro del puerco registre los 71ºC (160ºF). Pase el puerco a una tabla de corte, tape ligeramente con papel aluminio y deje reposar 10 minutos. Retire el cordón del puerco.

Mientras tanto, agregue la mezcla restante de Calvados y manzanas a la olla. Hierva a fuego lento durante 2 minutos para que desprenda un poco del alcohol. Agregue la crema y el caldo y hierva a fuego lento hasta que la salsa espese, aproximadamente 3 minutos más. Rectifique la sazón.

Para servir, corte el puerco contra la veta en rebanadas de 12 mm (½ in) de grueso y acomódelas ligeramente sobrepuestas, sobre un platón precalentado. Cubra con cucharadas de salsa. Adorne con el perejil y sirva de inmediato.

Nota: Un lomo de puerco atado se cocerá más uniformemente, tendrá mejor forma y será más atractivo para el momento de cortarse. Para amarrar un lomo de puerco, doble las puntas delgadas bajo el lomo y asegúrelas con cordón de cocina, amarrando el cordón alrededor del lomo a intervalos de 5 cm (2 in).

RINDE DE 6 A 8 PORCIONES

CALVADOS

Normandía, que limita con el Canal de La Mancha al noroeste de Francia, es renombrado por sus maravillosas manzanas y sus productos envinados: la sidra fuerte de Calvados. Este brandy fuerte de manzana, destilado de la sidra, es el orgullo de Normandía y se usa en muchas recetas, combinando a la perfección con el puerco. También se puede beber directo como un *digestivo.* para después de la cena. Durante una cena fuerte, un pequeño trago de Calvados servido entre los platillos es nombrado *trou normand,* o "el hoyo normando" usado para revivir el apetito entre platillos.

ESTOFADO DE RES HOJALDRADO

Coloque la harina en una bolsa grande de plástico con cierre hermético y sazone con sal y pimienta. Agite para mezclar bien. Agregue la carne de res (trabajando en tandas si fuera necesario) y agite hasta cubrir uniformemente. Sacuda el exceso de harina de la carne de res. En un horno holandés u olla grande sobre temperatura media-alta, caliente 3 cucharadas del aceite de oliva. Agregue la carne de res a la olla en tandas y cocine hasta dorar uniformemente por todos lados, de 5 a 7 minutos por tanda, agregando más aceite si fuera necesario. Pase a un tazón. Precaliente el horno a 180ºC (350ºF). Tenga listos 6 ramekins o refractarios individuales con capacidad de 2 tazas (500 ml/16 fl oz). Pele las zanahorias medianas y rebane finamente las zanahorias y cebollas.

Agregue 2 cucharadas más del aceite de oliva a la olla y caliente sobre temperatura media-alta. Añada la cebolla y saltee hasta suavizar, aproximadamente 5 minutos. Integre el vinagre y continúe salteando aproximadamente 3 minutos, hasta que las cebollas estén doradas. Agregue las zanahorias rebanadas y saltee cerca de 3 minutos, hasta que empiecen a suavizarse. Añada el ajo y saltee 1 minuto. Integre el caldo de res, vino, puré de tomate y tomillo y hierva sobre temperatura media-alta. Vuelva a colocar la carne en la olla y mezcle.

Tape la olla, colóquela en el horno y cocine, moviendo de vez en cuando, durante 1½ horas, hasta que la carne esté suave. Añada las zanahorias y papas cambray, vuelva a tapar y cocine aproximadamente 30 minutos más, hasta que las verduras estén suaves pero crujientes y la carne de res esté suave. Incorpore el perejil. Rectifique la sazón. Retire el guisado del horno y eleve la temperatura a 200ºC (400ºF).

Extienda la pasta de hojaldre para formar dos rectángulos de 30 x 35 cm (12 x 14 in). Corte 6 círculos, cada uno 2.5 cm (1 in) más grande que la orilla de sus refractarios individuales. Divida el guisado entre los tazones. Presione un círculo de pasta alrededor de la parte superior de cada refractario, presionando a lo largo de la orilla. Barnice la pasta con la mezcla de huevo. Coloque los tazones sobre una charola para hornear y hornee de 20 a 24 minutos, hasta que la pasta se esponje y dore. Sirva de inmediato.

RINDE 6 PORCIONES

PASTA DE HOJALDRE

Una de las glorias de los alimentos horneados de Francia, la pasta de hojaldre, está hecha alternando hojas de masa tan delgadas como una hoja de papel, con capas igual de delgadas de mantequilla, produciendo así una pasta quebradiza que quizás es mejor conocida por los famosos "croissants" (cuernitos). Al colocarse en el horno, la pasta literalmente se esponja formando miles de capas ultra delgadas de una crujiente pasta. Para hacer la pasta desde el principio se necesita mezclar, extender y esperar cuidadosamente; pero afortunadamente, la pasta de hojaldre congelada es un buen sustituto. Busque una marca de muy buena calidad que incluya mantequilla auténtica y revise la fecha de caducidad.

½ taza de harina de trigo (simple)

Sal y pimienta recién molida

1.5 kg (3 lb) de carne de res en trozo, sin hueso, cortado en cubos de 4 cm (1½ in)

5 cucharadas (75 ml/2½ fl oz) de aceite de oliva, más adicional si es necesario

2 zanahorias medianas

2 cebollas amarillas o blancas grandes

¼ taza (60 ml/2 fl oz) de vinagre de vino tinto

4 dientes de ajo, picados

1½ taza (375 ml/12 fl oz) de caldo de res (página 111) o caldo preparado bajo en sodio

1 taza (250 ml/8 fl oz) de vino tinto con cuerpo

¼ taza (60 g/2 oz) de puré de tomate

Hojas de 2 ramas de tomillo fresco ó ¼ cucharadita de tomillo seco

375 g (¾ lb) de zanahorias cambray, y la misma cantidad de papas cambray cortadas en trozos de 12 mm (½ in)

2 cucharadas de perejil liso (italiano) fresco, finamente picado

1 paquete (545 g/17½ oz) de pasta de hojaldre congelada, descongelada

1 huevo batido con 1 cucharada de agua

POSTRES

Si hablamos de elegancia perfecta, no hay nada mejor que las creaciones de la pastelería francesa. Pero los postres caseros son mucho más modestos, demostrando el simple placer de las crepas, natillas y fruta de la estación y, por supuesto, el gusto por el mousse de chocolate. Un tabla de quesos ofrece una alternativa sofisticada con sus combinaciones intrigantes de frutas, nueces, delicias y vino.

TABLA DE QUESOS

A pesar de que los postres franceses son muy famosos en todo el mundo, el plato final de una comida francesa tradicional, a menudo, es un platón de quesos de la localidad cuidadosamente seleccionados. Aquí presentamos algunos consejos y una selección de combinaciones (*lista a la derecha*) para ayudarle a armar un plato auténtico de quesos franceses.

No elija más de 3 tipos de quesos. Lo conveniente es elegir un queso firme y añejo, uno suave, joven y ligero y/o un queso de leche de cabra y un queso azul. Trate de balancear entre los quesos añejos y los suaves y cremosos. Compre quesos recién cortados en vez de los que vienen empacados y déjelos reposar a temperatura ambiente antes de servirlos (el queso frío estará duro y no tendrá tanto sabor). Sirva los quesos sobre una charola, tabla o platón que pueda pasarse fácilmente entre los comensales y proporcione algo pequeño para acompañar los quesos suaves y una pala para queso o cuchillo filoso para los quesos más duros.

Perfectamente se puede servir una charola de quesos simplemente con pan baguette, pero si usa algunos acompañamientos más ingeniosos engrandecerá su selección convirtiéndola de un simple tabla de quesos a un platillo totalmente sazonado.

La fruta es el acompañamiento más típico y las uvas frescas, peras maduras y crujientes y manzanas darán mejor sabor a cualquier queso. Las frutas secas, desde los duraznos hasta las ciruelas o higos, también ofrecen una contraparte dulce, en especial en clima frío. Las nueces, almendras, avellanas (filberts), servidas con cáscara con un cascanueces y trinche, o sin cáscara y ligeramente tostadas, también son algunos acompañamientos acostumbrados.

Finalmente, las conservas espesas, ligeramente endulzadas, como la de chabacano, durazno o cereza agria, hacen combinaciones interesantes con el queso, en especial si se sirven con un sabroso pan rústico. Otros acompañamientos excelentes son la miel de abeja o el suave membrillo agridulce.

SIRVA APROXIMADAMENTE 90 G (3 OZ) DE QUESO POR PERSONA

COMBINANDO QUESO Y VINO

Una de las mejores razones para servir un tabla de quesos es prolongar el gozo del vino durante una comida. Tradicionalmente un tabla de quesos empieza con el queso más suave, acompañado con el vino que se bebió durante la cena. A medida que los quesos van intensificando su sabor, puede empezar a servir un vino dulce y fortificado, como el Oporto, un acompañamiento tradicional para los quesos fuertes como el roquefort. Recuerde que los quesos ligeros y más frescos combinan mejor con vinos blancos; los quesos más fuertes, en especial los quesos duros, combinan mejor con los vinos tintos.

SELECCIÓN DE PRIMAVERA:

Saint-Nectaire (un queso medio-firme de leche de vaca), Montrachet (un queso suave de leche de cabra) y Bleu de Bresse (un queso azul suave de leche de vaca)

Miel de lavanda, fresas naturales y pan de durazno o pan baguette para acompañar

SELECCIÓN DE VERANO:

Fourme d'Ambert (un queso azul semi-suave de leche de vaca), Banon (un queso suave de leche de vaca o cabra) y Saint-André (un queso suave de leche de vaca)

Higos Kadota o higos negros Misión, jitomates asados al horno y pan de romero para acompañar

SELECCIÓN DE OTOÑO E INVIERNO (SE MUESTRA EN LA PÁGINA OPUESTA):

Young Crotin De Chavignol (un queso suave de leche de cabra). Reblochón (un queso semi-suave de leche de vaca) y Roquefort (un queso azul de leche de borrego)

Miel de castaña, peras maduras o uvas negras, membrillo, nueces tostadas y pan campestre o pan de centeno para acompañar

CRÈME BRÛLÉE

3 tazas (750 ml/24 fl oz) de crema espesa (doble)

1 cucharada de extracto puro de vainilla (esencia)

6 yemas de huevo

⅔ taza (185 g/6 oz) de azúcar

Precaliente el horno a 150ºC (300ºF). Coloque seis ramekins o refractarios individuales con capacidad de ¾ taza (180 ml/6 fl oz) sobre una charola para hornear poco profunda.

En un cazo sobre calor medio-alto, combine la crema y la vainilla. Cocine aproximadamente 5 minutos, hasta que aparezcan pequeñas burbujas alrededor de las orillas. Retire del calor, tape y deje reposar aproximadamente 15 minutos para infundir la crema con la vainilla.

En un tazón, bata las yemas de huevo con ⅓ taza (90 g/3 oz) del azúcar de 2 a 3 minutos, hasta que se tornen amarillo pálido. Lentamente integre la mezcla de crema tibia con la mezcla de yemas de huevo.

Vierta la mezcla de yemas de huevo a través de una coladera de malla fina hacia los refractarios individuales, dividiéndola uniformemente entre ellos. Vierta agua hirviendo en la charola hasta que llegue a una tercera parte de la orilla de los refractarios individuales. Tape la charola con papel aluminio.

Hornee aproximadamente 40 minutos, hasta que las natillas estén firmes pero los centros aún se muevan ligeramente si agita los refractarios con suavidad. Retire del horno y deje enfriar en el baño maría. Una vez fríos, retire los refractarios, tape y refrigere por lo menos durante 4 horas o durante toda la noche.

Justo antes de servir, retire las natillas del refrigerador y pase a una charola para hornear. Usando una coladera de malla fina, cierna el ⅓ de taza de azúcar restante sobre la superficie de las natillas para formar una capa delgada y uniforme. Usando una antorcha de cocina y deteniéndola de 5 a 7.5 cm (2-3 in) de la superficie, caramelice el azúcar moviendo constantemente la flama sobre ella, cerca de 30 segundos, hasta que el azúcar burbujee. O, si lo prefiere, precaliente el asador. Deslice la charola de hornear a 7.5 cm (3 in) bajo la fuente de calor, volteando los refractarios para cocinar el azúcar uniformemente, hasta que las superficies se caramelicen, cerca de 1 minuto. Sirva de inmediato.

RINDE 6 PORCIONES

CONOCIENDO LAS NATILLAS

Desde la *pot de crème* hasta el flan o creme brûlée, todas las natillas horneadas siguen algunas reglas muy sencillas. Caliente la crema suavemente hasta que esté muy caliente pero aún no hierva, para evitar que se le haga una nata. Para evitar que los huevos se cuajen, integre la crema caliente gradualmente. Al pasar la natilla terminada por una coladera antes de hornearla retirará cualquier grumo y las burbujas de aire. Y, por último, al hornear la natilla en un baño de agua le proporcionará humedad y calor uniforme que evita que la mezcla se haga dura o adquiera una textura parecida al plástico.

SOUFFLÉ FRÍO DE LIMÓN

(vea explicación a la izquierda)

Prepare un plato para soufflé con capacidad de 4 tazas (1-l/32 fl oz) con un collar (*vea explicación a la izquierda*). En un tazón de acero inoxidable o vidrio, bata con una batidora eléctrica a velocidad media, las yemas de huevo, azúcar y ralladura de limón aproximadamente 2 minutos, hasta que espesen. En un cazo pequeño, hierva a fuego lento el jugo de limón. Lentamente agregue la mezcla de huevos sin dejar de mover. Bata la mezcla a velocidad media cerca de 10 minutos, hasta que al levantar las aspas caiga formando un listón grueso.

En otro cazo pequeño, espolvoree la grenetina sobre el agua y deje hidratar durante 5 minutos. Caliente sobre calor bajo hasta que se disuelva; no permita que hierva. Integre la mezcla de yema de huevo.

Usando un batidor globo o una batidora eléctrica a velocidad media-alta, bata ligeramente 1 taza (250 ml/8 fl oz) de la crema en un tazón congelado hasta que forme picos suaves. Reserve. En otro tazón grande y perfectamente limpio, usando un batidor globo limpio o batidora eléctrica a velocidad media-alta, bata las claras de huevo hasta que se formen picos duros. Reserve.

Coloque el tazón que contiene la mezcla de yemas de huevo dentro de un tazón más grande parcialmente lleno con cubos de hielo y agua y mezcle suavemente hasta que empiece a espesar, de 6 a 8 minutos. Cuidadosamente integre la crema batida y las claras de huevo con movimiento envolvente. Vierta a los platos de soufflé preparados. La mezcla debe llegar hasta arriba del collar. Refrigere aproximadamente 2 horas, hasta que esté firme.

Cuando esté listo para servirse, bata la ½ taza (125 ml/4 fl oz) restante de crema hasta que se formen picos duros. Retire cuidadosamente el collar del soufflé y extienda la mitad de la crema batida sobre la superficie. Coloque cucharadas de la crema restante en una manga de repostería adaptada con una punta pequeña en forma de estrella y adorne con rosas de crema alrededor de la orilla. Presione suavemente los pistaches sobre los lados del soufflé y sirva.

Nota: Este platillo incluye huevos crudos. Vea la página 113.

RINDE DE 4 A 6 PORCIONES

Ingredientes

4 huevos, separados

1 taza (250 g/8 oz) de azúcar

3 cucharadas de ralladura fina de limón

½ taza (125 ml/4 fl oz) de jugo de limón fresco

1½ cucharadas de grenetina sin sabor

¼ taza (60 ml/2 fl oz) de agua

1½ tazas (12 fl oz/375 ml) de crema espesa (doble)

½ taza (75 g/2½ oz) de pistaches, finamente picados o almendras

HACIENDO UN COLLAR

Para hacer un collar, corte una tira de papel encerado para hornear aproximadamente 5 cm (2 in) más larga que la circunferencia del plato de soufflé. Doble la tira a la mitad a lo largo y selle la orilla abierta doblando una vez más, formando una tira de 2.5 cm (1 in). Pegue con cinta adherible o amarre el papel alrededor del plato de soufflé para que quede 5 cm (2 in) más arriba de la orilla. Al usar un collar se puede llenar el plato más arriba de la orilla y hace que este postre congelado imite al tradicional soufflé esponjado.

CLAFOUTIS DE CEREZA

1 taza (250 g/8 oz) de azúcar granulada

3 tazas (500 g/1 lb) de cerezas dulces frescas sin hueso o cerezas congeladas, descongeladas

1 taza (155 g/5 oz) de harina de trigo (simple)

1 cucharadita de polvo para hornear

1 pizca de sal

4 huevos

1 taza (250 ml/8 fl oz) de crema espesa

¾ taza (180 ml/6 fl oz) de leche

2 cucharaditas de extracto de vainilla (esencia)

Ralladura de 1 limón

Azúcar glass para espolvorear

Precaliente el horno a 220ºC (425ºF). Engrase con mantequilla un refractario de 22 x 33 cm (9 x 13 in). Coloque el refractario sobre una charola para hornear. Espolvoree el fondo del refractario con 2 cucharadas de azúcar granulada. Extienda las cerezas en el fondo del refractario y hornee 10 minutos. Quizás suelten mucho jugo; no lo escurra. Reserve.

En un tazón, bata la harina con el polvo para hornear y sal. En un tazón grande, usando una batidora eléctrica a velocidad media, bata los huevos con ¾ taza (185 g/6 oz) de azúcar hasta mezclar, aproximadamente 1 minuto. Agregue la mezcla de harina en 2 tandas, alternando con la media crema en 1 adición. Agregue la vainilla y la ralladura de limón y mezcle para combinar.

Vierta la masa sobre las cerezas. Espolvoree con las 2 cucharadas restantes de azúcar granulada. Hornee de 30 a 35 minutos, hasta que esté esponjada y dorada. Pase a una rejilla de alambre para enfriar ligeramente. Usando una coladera de malla fina, espolvoree la superficie con azúcar glass y sirva.

RINDE DE 6 A 8 PORCIONES

CLAFOUTIS DE CEREZA

Este postre casero tiene una deliciosa textura esponjosa, que va entre una natilla horneada y una crepa gruesa. En Limousin, la región central de Francia en donde se originó, la masa espesa va adornada por cerezas negras maduras y deshuesadas. Sin embargo, esta receta sugiere usar cerezas dulces deshuesada como las Bings. Retire los huesos con un cuchillo pequeño y filoso o use un deshuesador de cerezas. Si no encuentra cerezas frescas, puede usar congeladas.

CREPAS DULCES CON GRAND MARNIER

GRANDMARNIER

Este elegante licor, tipo Cognac, cuya receta original data del año 1880, proporciona un complejo perfume de naranja a una gran variedad de postres franceses. El Grand Marnier auténtico está hecho con cáscaras amargas de naranjas aromáticas maceradas y destiladas con Cognac Francés y añejado por 8 meses. Algo tan sencillo llega lejos, y su incomparable sabor brilla en este sencillo pero sorprendente postre. Otros licores con sabor a naranja pueden sustituirlo como el Triple Sec y el Cointreau.

Para hacer la masa, combine en una licuadora el agua, leche, huevos, harina, azúcar y vainilla. Licúe hasta que esté muy suave. Refrigere, tapada, por lo menos 1 hora o durante todo un día.

Engrase ligeramente una sartén para crepas o sartén para freír antiadherente de 23 cm (9 in) y coloque sobre calor medio. Vierta de 2 a 3 cucharadas de la masa en la sartén y gírela para cubrir el fondo con la masa. Cocine hasta que la crepa empiece a burbujear, se dore ligeramente y esté firme, cerca de 1 minuto. Voltee la crepa cuidadosamente con una espátula y cocine otros 10 segundos, hasta que esté ligeramente dorada y firme. Pase a un trozo de papel encerado. Repita la operación para hacer 8 crepas en total, apilando las crepas terminadas entre hojas de papel encerado.

Doble cada crepa a la mitad y una vez más a la mitad para formar un triángulo.

En una sartén antiadherente grande para freír sobre calor medio, derrita 2 cucharadas de la mantequilla con 2 cucharadas del azúcar y la mitad de la ralladura de naranja. Caliente de 1 a 2 minutos, hasta que la mantequilla se derrita y esté espumosa. Retire del calor y agregue la mitad del Grand Marnier a la sartén. Gire para mezclar y vuelva a colocar sobre el fuego durante 1 minuto más. Coloque los 4 triángulos de crepa en la sartén y caliente aproximadamente un minuto de cada lado, volteándolos con pinzas para cubrir uniformemente. Coloque 2 crepas sobre cada uno de los platos precalentados y divida la salsa entre las porciones. Repita con las 4 crepas y los ingredientes restantes. Acompañe cada porción con una cucharada de helado de vainilla.

RINDE 4 PORCIONES

PARA LAS CREPAS:

½ taza (125 ml/4 fl oz) de agua

½ taza (125 ml/4 fl oz) de leche entera

2 huevos

1 taza (155 g/5 oz) de harina de trigo (simple)

2 cucharaditas de azúcar

1 cucharadita de extracto de vainilla (esencia)

4 cucharadas (60 g/2 oz) de mantequilla sin sal, más la necesaria para engrasar

4 cucharadas (60 g/2 oz) de azúcar

Ralladura de 1 naranja

½ taza (125 ml/4 fl oz) de Grand Marnier o licor de naranja

Helado de vainilla francesa para acompañar

TARTA TATIN

PARA LA PASTA:

1 taza (155 g/5 oz) de harina de trigo (simple)

1 cucharada de azúcar

1 pizca de sal

½ taza (125 g/4 oz) de mantequilla sin sal muy fría, cortada en trozos de 2.5 cm (1 in)

¼ taza (60 ml/2 fl oz) de agua muy fría

PARA LAS MANZANAS:

6 cucharadas (90 g/3 oz) de mantequilla sin sal

¼ taza (185 g/6 oz) de azúcar

5 ó 6 manzanas pippin o Granny Smith de 1 a 1.25 kg (2–2½ lb) en total, sin piel, descorazonadas y partidas en cuartos

Helado de vainilla francesa o crème fraîche (página 113) para acompañar

Para hacer la pasta, combine en un procesador de alimentos la harina, azúcar y sal. Pulse unos segundos para mezclar. Agregue la mantequilla y procese de 5 a 10 segundos, hasta que la mezcla se haga migas. Con el motor encendido, agregue lentamente el agua muy fría y procese justo hasta que la masa quede unida y que al picarla se quede pegada. Pase la masa a una superficie de trabajo enharinada y únala para hacer una masa dura. Presione para formar una bola y extiéndala para hacer un círculo de 28 cm (11 in). Coloque entre 2 trozos de papel encerado y refrigere por lo menos 2 horas, hasta que esté bien fría.

Para hacer las manzanas, precaliente el horno a 200ºC (400ºF). En una sartén que pueda meter al horno, antiadherente, derrita la mantequilla. Agregue el azúcar y mezcle 2 minutos, hasta combinar. Puede tener grumos. Acomode los cuartos de manzana en la sartén con su parte redonda hacia abajo, usando las manzanas necesarias para que queden bien apretadas en una sola capa. Reduzca el calor a bajo y cocine aproximadamente 15 minutos, hasta que el caramelo se dore y las manzanas estén ligeramente suaves.

Pase la sartén para freír al horno y hornee las manzanas 5 minutos. Retire con guantes térmicos, coloque en una rejilla de alambre y deje enfriar 10 minutos. Eleve la temperatura del horno a 230ºC (450ºF). Coloque la pasta cuidadosamente alrededor de las manzanas, usando un cuchillo pequeño para meter el exceso de pasta dentro del borde de la sartén. Hornee hasta que la paste esté crujiente y dorada, aproximadamente 20 minutos.

Retire con cuidado la sartén para freír del horno. Pase un cuchillo alrededor de la orilla de la sartén para despegar la tarta. Coloque un platón de 30 cm (12 in) volteado sobre el borde de la sartén. Usando guantes térmicos, invierta rápidamente la sartén y platón al mismo tiempo. Tenga cuidado ya que la sartén y su jugo estarán muy calientes. Levante la sartén. Sirva caliente o a temperatura ambiente y acompañe con helado de vainilla.

RINDE DE 6 A 8 PORCIONES

TEMAS BÁSICOS SOBRE LA PASTA

Para obtener una pasta suave y hojaldrada, trabaje con ingredientes bien fríos y amase la masa lo menos posible para evitar que se desarrolle el gluten de la harina (el elemento que hace que una masa quede tersa o dura). Cada tanda de pasta llevará una cantidad ligeramente diferente de agua, dependiendo que tan seca esté la harina y la humedad del día. Agregue sólo el agua necesaria para unir la masa. Si deja reposar la masa en el refrigerador antes de usarla, evitará que se encoja y podrá extenderla con mayor facilidad. Para limpiar más fácilmente, extienda la masa entre dos hojas de papel encerado.

MOUSSE DE CHOCOLATE

En un tazón refractario o la parte superior de una vaporera, combine el chocolate con la mantequilla. Colóquelo sobre (pero sin tocar) un poco de agua hirviendo a fuego lento, a que se derrita lentamente. Mezcle para combinar. Retire el tazón o porción superior de la vaporera y reserve. Deje enfriar.

En un tazón pequeño, combine el ¼ taza de crème fraîche y las yemas de huevo y bata hasta integrar por completo. Agregue la mezcla de chocolate frío.

En un tazón grande, perfectamente limpio, bata las claras de huevo con la sal usando un batidor globo o una batidora eléctrica, a velocidad media-alta, hasta que se formen picos duros. Con una espátula de goma, mezcle aproximadamente una cuarta parte de las claras de huevo con la mezcla de chocolate, en movimiento envolvente. Combine las claras restantes, hasta integrar por completo; asegúrese de no dejar grumos. Vierta en un tazón con capacidad de 4 tazas (1-l/32 fl oz) y refrigere hasta que esté totalmente firme, de 2 a 4 horas.

Cuando esté listo para servirse, acompañe cada porción con una cucharada de crème fraîche, si la usa, y adorne con los rizos de chocolate.

Notas: Este platillo incluye huevos crudos. Para más información, vea la página 113. Para hacer los rizos de chocolate, use un pelador de verduras para rasurar una barra de chocolate. Use diferentes partes de la barra para variar el grosor de los rizos. Para obtener rizos largos, el chocolate debe estar a temperatura ambiente. También puede usar un rallador de queso o microplane para rallar el chocolate para adornar de una forma más sencilla.

RINDE 6 PORCIONES

---

250 g (8 oz) de chocolate semi-amargo o semi-dulce (simple), picado toscamente

1 taza (250 g/8 oz) de mantequilla sin sal, cortada en trozos

¼ taza (60 g/2 oz) de crème fraîche, más ⅓ taza (90 g/3 oz) si se desea adornar (página 113)

3 yemas de huevo

6 claras de huevo

1 pizca de sal

Rizos de chocolate para adornar (vea las Notas)

TEMAS BÁSICOS SOBRE LA COCINA FRANCESA

Los chefs franceses han sido admirados durante mucho tiempo en todo el mundo y los cocineros, desde San Francisco hasta Singapur, seducidos tanto por la presentación como por el sabor de sus platillos, tratan de reproducirlos en casa. Pero la comida francesa es algo más que menús sofisticados de famosos chefs. Es una cocina llena de contrastes, una mezcla de refinamiento sin paralelo y una cocina cotidiana de foie gras y papas a la francesa.

BREVE HISTORIA

Francia es sin duda el hogar de la cocina más distinguida del mundo. La mesa francesa, compuesta por una amplia gama de especialidades regionales, debe su célebre reputación a cuatro factores básicos: respeto a la tradición, ingredientes superiores, chefs experimentados y cenas distinguidas. El ciudadano común en Francia crece aprendiendo acerca de la comida y esperando que sea de alta calidad, ya sea un platillo del diario hecho en la cocina de una granja, un plato popular de un bistro provinciano o la cocina sobresaliente de un restaurante parisino de tres estrellas.

De cualquier forma la buena cocina francesa, sin importar su procedencia, también depende de la experiencia en las técnicas fundamentales de cocina, desde la preparación de las salsas hasta el salteado. Por decirlo así, se aplica la misma regla si se está preparando alta cocina o las recetas caseras de este libro: el primer paso es aprender los temas básicos.

EQUIPO

Ollas brillantes, un tarro de cerámica con varios tipos de cucharas, batidores y cucharones; recipientes para batir hechos de porcelana blanca; brillantes moldes para tarta con orilla ondulada, y moldes individuales de cerámica barnizada, son algunos elementos de la cocina francesa que forman parte del sueño de muchos cocineros. Aunque es cierto que una batería de cocina bien elegida es fundamental para lograr una buena cocina, todas las recetas de este libro se pueden hacer usando un pequeño y variado equipo. Aquí presentamos una lista de todo lo que puede necesitar.

La cocina francesa del diario tiene por lo menos una muy buena sartén para freír o una para saltear. Estas dos sartenes por lo general son intercambiables, pero tradicionalmente una sartén para freír difiere de una sartén para saltear en que tiene orillas que se proyectan hacia fuera, haciéndolas útiles para cocinar aquellos alimentos que deben vaciarse de la sartén.

También conocida como sartén de paredes rectas para freír, una sartén para saltear es más profunda que una sartén para freír pero más ancha que una olla. Está diseñada para mezclar alimentos mientras se cocinan evitando que se desborden, una sartén para saltear también es útil para platillos asados y otras recetas hechas en la estufa que piden una gran proporción de caldo o salsa.

Si quiere hacerse un experto en el arte de saltear (página 107), sería buena inversión comprar una sartén para saltear. La ideal deberá tener una manija alta y sus lados relativamente altos. Sin embargo, una sartén para freír puede usarse por lo general en cualquier receta que pida una sartén para saltear. Sea cual sea la sartén que elija, asegúrese de que esté hecha de materiales de alta calidad. El acero inoxidable y el aluminio anodizado son buenas elecciones.

Una olla de buena calidad también es esencial en cualquier cocina francesa. Esta sartén sencilla y redonda con lados rectos o inclinados puede usarse para hacer cualquier cosa, desde salsas y sopas hasta blanquear verduras y hervir papas. La forma de la sartén logra una evaporación rápida por lo que una salsa o líquido se reduce de manera ágil y eficiente. Para la mayoría de los cocineros caseros la más útil es la de 2 litros (2 quart). Las ollas vienen en diferentes materiales incluyendo acero inoxidable, aluminio anodizado, cobre y hierro colado esmaltado.

Un horno alemán, una olla gruesa y pesada con tapa que guarda y distribuye el calor lenta y uniformemente, es indispensable para hacer guisados de lento cocimiento y asados como el Coq au Vin (página 67) y la Estofado de Res Hojaldrado (página 86). Un horno alemán, hecho de hierro colado esmaltado, es una inversión muy recomendada, ya que el recubrimiento esmaltado evita la reacción con los ingredientes ácidos y no requiere de cuidado especial ni debe curarse como por lo general lo requiere el hierro colado. Estas ollas pueden usarse sobre la estufa o al horno. Vienen en diferentes tamaños, pero el más versátil es el de 7 a 9 litros (7 –9 quart).

Además de las sartenes nombradas anteriormente, también querrá comprar algunos moldes franceses para hornear, incluyendo uno para soufflé. Un recipiente para soufflé, con lados rectos, redondo y por lo general hecho de porcelana blanca con su tradicional exterior "ondulado" y una orilla delgada, da el soporte adecuado para un contenido ligero y esponjoso. Aunque estos platos vienen en una variedad de tamaños, las recetas de este libro piden únicamente dos: uno para 4 tazas (1-l/32 fl oz/1-qt) y uno para 6 tazas (1.5-l/48 fl oz/1.5 qt).

Muchas recetas francesas piden ramekins (moldes individuales) para hacer porciones individuales. Estos pequeños refractarios redondos de cerámica para hornear son similares a los platos para soufflé, pero tienen únicamente de 7.5 a 10 cm (3 - 4 in) de diámetro.

Cualquier cocina preparada para cocinar a la francesa debe tener por lo menos dos batidores: uno para salsas y otro para batir claras de huevo y crema doble. El batidor para salsas básicas es largo, delgado y con forma parecida a una bat para baseball, es indispensable para hacer vinagretas, pastas y salsas de crema, ya que sus alambres rígidos se mueven rápidamente a través de la mezcla para ayudar a emulsificarla y espesarla de manera uniforme. Además, el batidor sacará los grumos más rápida y uniformemente que una cuchara. Otro tipo de batidor, con una cabeza plana de ondas de alambre también sirve para hacer salsas.

Aunque puede ser más rápido y algunas veces más fácil batir las claras de huevo o crema espesa con una batidora eléctrica, al fin y al cabo usted tendrá más control y logrará que su producto final se eleve mejor si lo hace a mano. Para las claras de huevo y crema, use un batidor de globo cuyos alambres delgados forman una bola redonda. Su forma ayuda a incorporar la mayor cantidad de aire en los ingredientes batidos.

Para información acerca del hervidor doble, molde para tarta y mandolina, vea el glosario en las páginas 113-15.

INGREDIENTES

Los cocineros franceses tienen un gran respeto por los ingredientes. Incluso la forma en que los franceses compran sus víveres nos demuestra la importancia que le dan a obtener los mejores ingredientes para cocinar. A diferencia de algunos otros países, en donde grandes supermercados ofrecen un solo lugar para hacer las compras, en Francia se prefiere comprar diferentes ingredientes en las tiendas especializadas en ellos y en los mercados. El pan más fresco se puede encontrar en una boulangerie, mientras que los cortes especiales de carne en una boucherie. Así mismo, los productos frescos, quesos y vinos se compran a proveedores individuales para asegurar que los ingredientes sean de la más alta calidad.

Al cocinar las recetas de este libro, siga este ejemplo y use los mejores ingredientes que pueda encontrar. Buscar un aceite de oliva extra virgen frutado para preparar alguna vinagreta o usar la crema más fresca y la vainilla más fina para una crème brûlée hará una gran diferencia. También, siempre debe tenerlo presente al elegir una receta y escoger aquella que contenga los productos de temporada que tienen más sabor. Los espárragos sabrán mejor a principios de la primavera y las cerezas serán más dulces en verano.

TÉCNICAS

La mayoría de las técnicas de cocina francesa, desde desglazar una sartén hasta batir una vinagreta, no son difíciles de aprender. Una vez que ha practicado la forma de mezclar ingredientes en una sartén para saltear o ha observado cómo se reduce y se espesa una salsa, estos métodos empezarán a convertirse en costumbre.

SALTEAR

Saltear, un término derivado del verbo francés sauter, que significa "saltar", es un método clásico de cocinar dentro de la cocina francesa. Aunque a menudo se usa como sinónimo para freír, el salteado auténtico hace realmente que la comida "salte" en la sartén. Al empujar y jalar la sartén hacia delante y hacia atrás en movimiento rápido, levantando ligeramente al empujar, hará que los alimentos dentro de la sartén reboten ligeramente y se vayan al centro de la sartén. Al mantener los alimentos en movimiento de esta forma asegura un cocimiento rápido y uniforme.

Las cebollas y chalotes picados por lo general se saltean al principio, lo cual hace que disminuya su fuerte sabor y resalta su sabor dulce. Los cortes suaves y sin hueso del pollo, los filetes de pescado y las vieiras y demás mariscos también se benefician de la salteada rápida, ya sea para dorarlos rápidamente o cocinarlos de manera uniforme para que no se endurezcan.

Para practicar el movimiento hacia delante y hacia atrás que se usa para saltear, tome una sartén y un manojo de frijoles secos. Sin usar calor, trate de hacer que los frijoles "salten" sobre sí mismos a medida que usted jala y empuja la sartén hacia

delante y hacia atrás. Una vez que adquiera práctica, trate de hacerlo sobre el fuego con un ingrediente sencillo, como son los cubos de papa.

Al saltear, asegúrese de secar bien los alimentos y cortarlos en trozos pequeños o rebanadas delgadas para que se cocinen rápidamente. Para evitar que se peguen, precaliente la sartén brevemente sobre calor medio o medio-alto, después agregue el aceite (y mantequilla, si la usa). Cuando pueda oler el aroma de la grasa cociéndose y aparezcan diminutas burbujas alrededor de las orillas de la sartén, agregue los alimentos que desee saltear. También es buena idea saltear en tandas si existe la posibilidad de que la sartén quede demasiado apretada. Una sartén demasiado llena atrapará la humedad, evaporando los alimentos y haciendo que el producto final quede suave y húmedo, en vez de quedar dorado y crujiente.

HACIENDO SALSAS

Quizás más que ninguna otra cocina, la cocina francesa se defina por su gran variedad de salsas. Pero cada salsa no es la misma desde el principio hasta el final; sino que prácticamente casi todas las salsas francesas se desarrollan de las llamadas salsas madres. Una vez que entienda cómo se comportan los ingredientes de estas salsas básicas, podrá obtener una amplia variedad de salsas diferentes y quizás entonces pueda inventar alguna propia.

Una vinagreta quizás es la salsa francesa más sencilla y no existe ningún misterio para hacer una buena. Primero, asegúrese de usar un tazón lo suficientemente grande para dar cabida a lo que quiera batir vigorosamente. Empiece usando un vinagre de buena calidad o jugo de cítricos, después agregue los sazonadores como las hierbas picadas. Poco a poco integre el aceite -el aceite de oliva extra virgen y los aceites de avellana y nuez son buenas elecciones- bata sin parar hasta que la mezcla se emulsifique, se vuelva semi opaca y espese. Agregar una pequeña cantidad de chalote finamente picado o una cucharadita de mostaza a la vinagreta ayudará a que ésta se espese. Por último, sazone con sal y pimienta. Es mejor batir su vinagreta una vez más justo antes de usarla, ya que la mayoría de las vinagretas se separan al dejarlas reposar.

Las elegantes y cremosas salsas blancas son íconos de la cocina francesa. A menudo se empiezan con un roux, una mezcla de mantequilla y harina. El roux se cocina sobre calor medio de 2 a 3 minutos, justo lo suficiente para eliminar el sabor a crudo. La mezcla no debe dorarse. Cuando se agrega la leche al roux, se convierte en salsa béchamel, que es la base para los soufflés más deliciosos, incluyendo el Soufflé de Queso de la página 21. La salsa se hierve a fuego lento durante unos minutos hasta que esté espesa y tersa. Si la salsa no se espesa rápidamente, déjela cocinar unos minutos más, moviendo constantemente con un

batidor. La salsa velouté está hecha como la béchamel, pero la leche se sustituye por un caldo ligero de pollo o pescado.

Las salsas de sartén son otra preparación de salsa común de la cocina francesa. Los trozos deliciosamente caramelizados que quedan en la sartén cuando se sella un filete o una pechuga de pollo, se desprenden con vino o caldo en un paso llamado desglazar. Posteriormente el alcohol se evapora sobre calor medio-alto o medio y el líquido se reduce y espesa. Se puede agregar mostaza, hierbas u otros saborizantes y, en el último momento, puede integrarse un trozo de mantequilla o queso agregando un toque sedoso a la salsa final. Los pasos básicos se muestran en la página opuesta.

1 Dorando alimentos: Selle o saltee la carne, pollo o pescado, aquí mostramos un filete mignon, hasta obtener el tono deseado por ambos lados, después retírelo de la sartén.

2 Desglazando la sartén: Agregue líquido, en esta foto Oporto, y empiece a hervir sobre calor alto, moviendo con una cuchara de madera para desprender los trozos dorados que hayan quedado pegados a la base de la sartén.

3 Reduciendo la salsa: Continúe hirviendo hasta que la salsa se reduzca como se indica en esta receta a ⅓ taza (80 ml/3 fl oz) y bata al integrar lo demás como crème fraîche o crema (mostrada aquí).

4 Terminando la salsa: Si la receta pide que se reduzca aún más, continúe hirviendo según las instrucciones. En este caso hasta reducir a la mitad. Incorpore batiendo los ingredientes finales, como queso rallado, y cocine hasta que se suavice y espese.

Las salsas dulces representan la categoría final de las salsas francesas comprendidas en este libro. Incluye salsas a base de natillas hechas de huevo como la empleada para hacer la Crème Brûlée (página 93). Esta mezcla de huevos y crema se cocina justo hasta que las proteínas de los ingredientes se espesan y forman un platillo suave, ligero y satinado. Para evitar que los huevos de la salsa de la natilla se cuajen, nunca agregue líquido caliente de golpe a los huevos batidos. Por el contrario, "temple" los huevos al integrar batiendo lentamente la crema o leche caliente. Al agregar el líquido poco a poco, elevará la temperatura de los huevos y el resto del líquido se puede agregar con tranquilidad. Las natillas horneadas siempre deben cocinarse en un baño de agua (también llamado baño maría) para mantenerlas húmedas. Para obtener natillas sedosas, cuele la mezcla a través de un colador antes de hornearlas.

COCINANDO CON VINO BLANCO

Con su carácter distintivo y su gran afinidad con los sabores fuertes, el vino juega un papel muy importante en muchos platillos clásicos de la cocina francesa, incluyendo el Coq au Vin (página 67) y la Estofado de Res Hojaldrado (página 86). Usted no necesita hacer un gran esfuerzo por encontrar un vino especial para hacer estos platillos. Más bien, busque un vino francés respetable y de buen precio o use vinos domésticos.

Al cocinar con vino se debe seguir una regla sencilla que nunca debe romperse: use únicamente vinos que le gustaría beber. Busque vinos que estén bien balanceados entre fruta y tanino (los compuestos que se derivan de la cáscara de la uva que dan un sabor seco y fuerte que está presente en el té bien impregnado). En los vinos tintos, busque sabores a uvas rojas, ciruelas o frambuesas y en los vinos blancos a manzanas verdes, uvas verdes, chabacanos o duraznos. Las variedades de uvas como la Merlot, Cabernet Sauvignon o Pinot Noir que producen vinos secos y con sabor agradable, son excelentes tanto para comer como para beber. El Zinfandel, una variedad Norteamericana, es un vino noble y fresco que funciona bien con la carne de res o cordero. Las uvas del Sauvignon Blanc y el Pinot Gris producen vinos blancos ligeros y agradablemente refrescantes que combinan particularmente bien con los mariscos. Las uvas del Chardonnay cultivadas en Borgoña, producen algunos de los vinos blancos más famosos de Francia incluyendo el Chablis, Mâcon, Meursault y Montrachet. El Chardonnay francés tiende a ser más pobre y picante que el dulce y cremoso Chardonnay embotellado en California. Para cocinar, por lo general, es mejor usar un vino blanco más seco.

COMBINANDO VINO CON ALIMENTOS

Ningún libro de cocina francesa estaría completo sin una sección dedicada a combinar el vino con los alimentos. "Vino tinto con carne, vino blanco con pescado" es un consejo útil para empezar a considerar la combinación de vino y comida, pero no debe tomarse al pie de la letra. Es fácil ver las combinaciones naturales. Un vino tinto de sabor fuerte como el Cabernet Sauvignon con un platillo pesado para invierno como el Estofado de Res Hojaldrado (página 86) o un Entrecôte Asado con Ragoût de Hongos (página 74) o un Chardonnay dorado con un delicado Sole Meunière (página 56). Pero muchos platillos pueden combinar también con un vino tinto o blanco, dependiendo del clima, el humor de los comensales y el resto del menú. Por ejemplo, el Salmón Asado con Lentejas Calientes (página 60) o las Vieiras Saint-Jacques a la Provenzal (página 63) con sabor fuerte pueden combinar tanto con un vino rosado seco como con un vino blanco fuerte y perfecto.

Una copa burbujeante de champaña dorada es la típica forma francesa de iniciar una comida, en especial como un aperitivo de hors d´ouvre como la Tarta de Cebolla Caramelizada (página 29). También puede combinar para celebrar con un Soufflé de Queso (página 21) perfectamente esponjado.

Un Merlot suave y frutado, combinará bien con las Pechugas de Pato Salteadas con Miel de Lavanda (página 68) o con las Chuletas de Cordero Asadas con Vino Tinto, Fruta Seca y Hierbas (página 82). El Lomo de Puerco con Manzanas y Calvados (página 85) podría combinar con un tinto ligero como el Pinot Noir joven o un vino blanco perfumado como el Riesling o el Chardonnay francés.

Sirva los vinos blancos fríos pero no demasiado, ya que se necesita de cierta temperatura para desprender su sabor y aroma. La temperatura ideal es entre los 4º y 10ºC (40º-10ºF). La champaña y demás vinos espumosos siempre deben servirse fríos. Enfríelos en el refrigerador por lo menos durante 2 horas, o durante 20 minutos en una cubeta con hielo.

Por el contrario, el vino tinto no debe servirse demasiado caliente, lo cual puede hacer que sepa plano. La mejor temperatura es la "temperatura del ático", entre 13º y 18ºC (55º-65ºF). Antes de servir un vino tinto joven, que es particularmente alto en taninos, se puede mejorar su calidad al abrirlo con anticipación, dejándolo "respirar" de 10 a 15 minutos. Los vinos muy antiguos a menudo desarrollan un sedimento oscuro en el fondo de la botella y quizás necesiten ser decantados antes de servirse.

El vino debe almacenarse en un lugar oscuro y fresco lejos del calor y la luz. El vino que planee añejar siempre se debe almacenar de lado. Esto mantiene el corcho húmedo; ya que un corcho seco deja pasar el oxígeno y esto hará que se eche a perder el vino.

RECETAS BÁSICAS

A continuación presentamos algunas de las recetas básicas que se mencionan a través del libro.

CALDO DE POLLO

1 bouquet garni (página 13)

3 kg (6 lb) de pescuezo y rabadilla de pollo

3 tallos de apio

3 zanahorias, sin piel

2 cebollas amarillas o blancas, en mitades y sin raíz

2 poros, únicamente su parte blanca y verde claro, lavados (página 45) y rebanados

En una olla para caldo, combine el bouquet garni, piezas de pollo, apio, zanahorias, cebollas, poro y agua fría justo hasta cubrir (aproximadamente 3.5 l/3½ qt). Deje hervir lentamente sobre calor medio. Reduzca la temperatura a lo más bajo posible y hierva a fuego lento, sin tapar, durante 3 horas, usando de vez en cuando una cuchara o espumadera para retirar la espuma que se forme en la superficie.

Pase el caldo a través de un colador colocado sobre un tazón. Deje enfriar aproximadamente durante 1 hora, tape y refrigere por lo menos 30 minutos. Usando una cuchara grande, retire de la superficie la grasa endurecida y deséchela.

Tape y refrigere el caldo hasta por 3 días o vierta en recipientes herméticos o bolsas de plástico con cierre hermético y congele hasta por 3 meses. Rinde aproximadamente 3 l (3 qt).

CALDO DE PESCADO

2 cucharadas de aceite vegetal

1 kg (2 lb) de cabezas, piel, huesos y carne de pescado fresco de carne blanca como corvina y robalo.

1 cebolla amarilla o blanca, finamente rebanada

2 zanahorias, sin piel y cortadas en trozos de 5 cm (2 in)

6 tallos de perejil plano (italiano)

2 tallos de apio con hojas, cortados en trozos de 5 cm (2 in)

1 hoja de laurel

10 granos de pimienta blanca

5 ramas de eneldo fresco

1 limón, finamente rebanado

En una olla grande para caldo sobre calor bajo, caliente el aceite y saltee las piezas de pescado de 2 a 3 minutos. No deje que se doren. Agregue todos los demás ingredientes y cubra con agua fría (aproximadamente 3.5 l/3½ qt). Hierva sobre calor medio-alto. Reduzca la temperatura a baja y hierva a fuego lento, sin tapar, durante 45 minutos, usando de vez en cuando una cuchara o espumadera para retirar la espuma que se forme en la superficie.

Forre un colador de malla fina con manta de cielo (muselina) y cuele el caldo sobre un tazón. Déjelo enfriar aproximadamente durante 1 hora, tape y refrigere por lo menos 30 minutos. Usando una cuchara grande, retire la grasa endurecida sobre la superficie y deséchela.

Tape y refrigere el caldo hasta por 3 días, o vierta en recipientes herméticos o bolsas de cierre hermético y congele hasta por 3 meses. Si lo congela, vuelva a hervir antes de usarlo. Rinde aproximadamente 3 l (3 qt).

CALDO DE RES

2 kg (4 lb) de huesos de res con un poco de carne pegada

2 zanahorias grandes, cortadas en rebanadas de 5 cm (2 in)

1 cebolla amarilla o blanca grande, cortada en rebanadas de 5 cm (2 in)

2 poros, su parte blanca y verde clara únicamente, lavados (página 45) y cortados en trozos de 5 cm (2 in)

1 bouquet garni (página 113)

Precaliente el horno a 220º C (425º F). Coloque los huesos de carne de res en una sartén grande para asar y ase hasta dorar, aproximadamente 1½ horas, moviendo varias veces para dorar los huesos uniformemente.

Retire la sartén del horno. Pase los huesos a una olla grande para caldo. Agregue aproximadamente 3 tazas (750 ml/24 fl oz) de agua a la sartén para asar y coloque sobre calor medio-alto. Hierva y desglace la sartén, moviendo para raspar los trocitos dorados de la base. El agua se tornará color café oscuro.

Pase el contenido de la sartén a la olla para caldo y agregue agua fría (aproximadamente 3.5 l/3½ qt) justo hasta cubrir los huesos. Añada las zanahorias, cebolla, poros y el bouquet garni.

Hierva lentamente sobre calor medio, reduzca la temperatura lo más posible y hierva a fuego lento, sin tapar, durante 4 horas, usando de vez en cuando una cuchara o espumadera para retirar la espuma que se forme en la superficie.

Apague la estufa y deje enfriar el caldo 30 minutos. Retire y deseche los huesos. Cubra un colador de malla fina con manta de cielo (muselina) y cuele el

caldo sobre un tazón. Deje enfriar a temperatura ambiente, tape y refrigere 2 horas.

Usando una cuchara grande, retire la grasa endurecida de la superficie y deséchela.

Cubra el colador con manta de cielo limpia y cuele el caldo una vez más para asegurarse de que no tenga nada de grasa. Este caldo debe ser claro. Tape y refrigere el caldo hasta por 3 días, o vierta en recipiente herméticos o bolsas de plástico con cierre hermético para congelar alimentos y congele hasta por 3 meses. Rinde aproximadamente 3 l (3 qt).

MAYONESA BÁSICA

2 yemas de huevo

Sal y pimienta blanca recién molida

1 taza (250 ml/8 fl oz) de aceite de canola o aceite vegetal

1½ cucharadita de jugo de limón fresco

Coloque las yemas en un tazón y, usando un batidor o batidora eléctrica manual, bata hasta espesar, de 1 a 2 minutos. Incorpore una cucharadita de sal y una pizca de pimienta blanca y bata. Mientras bate, agregue lentamente el aceite, gota a gota, raspando los lados del tazón según sea necesario, hasta formar una emulsión.

Cuando haya agregado la mitad del aceite, empiece a integrar el aceite restante en un chorro muy delgado y lento. Continúe batiendo hasta usar todo el aceite y que la mayonesa esté espesa. Incorpore el jugo de limón. Cubra y refrigere 2 horas para mezclar los sabores. La mayonesa durará hasta 5 días. Rinde aproximadamente 1 taza (250 ml/8 fl oz).

Nota: Esta receta contiene huevo crudo. Para más información, vea la página 113.

GLOSARIO

ACEITE DE OLIVA   Un elemento básico para la cocina mediterránea, el aceite de oliva es delicioso y sano. Francia, España, Italia, Grecia, California y Australia producen aceites de oliva de alta calidad. Los aceites de oliva extra vírgenes se extraen sin el uso de calor o solventes químicos. Dependiendo de la ubicación o tipo de aceituna, el color de estos aceites puede variar desde un dorado oscuro hasta un verde sombrío. Compruebe el delicioso sabor del aceite de oliva extra virgen al usarlo en vinagretas crudas, como sazonador o como un condimento. El aceite de oliva "puro" se extrae por otro medio, ya sea usando calor o químicos y por lo general tiene un sabor diferente. A menudo se etiqueta solamente como "aceite de oliva" y se recomienda para la cocina en general, para freír o saltear. El aceite de oliva se solidificará a temperaturas bajas; almacénelo en un lugar fresco y oscuro en vez de hacerlo en el refrigerador.

ALCAPARRAS   Los arbustos de alcaparras crecen de forma silvestre al sur de Francia y alrededor del mar Mediterráneo. Antes de florecer, los botones pequeños de color verde oliva se cultivan y preservan en sal o salmuera. Las alcaparras, con sabor agradable, agregan un sabor picante a los platillos provenzales. Las alcaparras empacadas en sal tienen un sabor ligeramente más picante y vale la pena buscarlas. Deben enjuagarse y escurrirse antes de usarlas.

ALUMINIO   Es mejor no usar utensilios de cocina que contengan aluminio para preparar aquellos platillos que contengan ingredientes ácidos, como jitomates, jugos cítricos, vinagre, vino y vegetales de hoja verde. Los ácidos de estos alimentos pueden reaccionar con el metal y darle un sabor desagradable y color oscuro al platillo terminado. Por el contrario, use utensilios de cocina hechos o cubiertos con un material no reactivo como el acero inoxidable, esmalte o vidrio, o úselos de aluminio anodizado.

BOUQUET GARNI   Este manojo de hierbas aromáticas a menudo se usa para dar sabor a caldos y salsas. El bouquet garni típico de Francia combina perejil, tomillo y hojas de laurel. Las hierbas se amarran antes de usarlas para poder retirarlas fácilmente del platillo terminado. Para hacer un bouquet garni recomendado en las recetas de caldo de este libro, coloque 4 ramas frescas de perejil liso (italiano), 2 ramas de tomillo fresco y 1 hoja de laurel sobre un cuadro de manta de cielo (muselina), una las puntas y amarre tensamente con cordón para cocina.

COGNAC   Este brandy destilado dos veces se hace únicamente en las áreas de Charente o Charente-Maritime al oeste de Francia. El Cognac, suave y potente, deriva su sabor distintivo de la tierra calcinada de la región en donde crecen las uvas y de los barriles de roble Limousín o Troncais usados para añejarlo. El cognac se etiqueta de acuerdo al envejecimiento en el barril: V.S. (Very Special, muy especial) ha sido añejado por lo menos 2 años, mientras que el V.O. (Very Old, muy añejo), el V.S.O.P. (Very Special Old Pale, Muy Especial Claro Añejo) y el Reserva han sido añejados en barril por lo menos 4 años. Los Cognacs etiquetados X.O, Veille Réserve, y Hors d´Age han sido añejados por lo menos 6 años, aunque muchos de los Cognacs de alta calidad se añejan durante 20 años o más. Las palabras Grande Fine Champagne en la etiqueta denotan que el 100 por ciento de las uvas usadas crecieron en viñedos designados Grande Champagne, en la zona cercana al pueblo de Cognac. Fine Champagne indica que más del 50 por ciento de las uvas crecieron en la región de Grande Champagne.

CRÈME FRAÎCHE   Un producto de crema agria original de Francia, la crème fraîche es similar a la crema agria pero tiene un ligero sabor a nuez más suave e interesante. Puede comprarse ya lista o, si usted prefiere, prepararse en casa, mezcle 1 taza (250 ml/8 fl oz) de crema espesa (doble) no ultra pasteurizada con 1 cucharada de buttermilk (o yogurt) en una olla pequeña y caliente suavemente para entibiar; no deje hervir. Retire del calor, tape y deje reposar a temperatura ambiente de 8 a 48 horas, hasta que espese y tenga la consistencia deseada. Refrigere para enfriarla antes de usarla.

CHALOTES   Estos miembros de la familia de la cebolla tienen lóbulos delicados con venas de color lavanda bajo su piel dorada y delgada como una hoja de papel. Más suaves que las cebollas, los chalotes se tornan dulces y suaves al cocinarse y se usan en muchas recetas a las que el sabor fuerte de la cebolla las opacaría.

ESTRAGÓN Con sus hojas delgadas de color verde oscuro y su elegante sabor ligeramente parecido al anís, el estragón se encuentra entre las hierbas más cotizadas en la hortaliza francesa. Junto con el cebollín, perejil y perifolio es un ingrediente esencial en la mezcla de hierbas finas y a menudo se usa con pescado y pollo. También es un bue sazonador para preparar mayonesa en casa.

EXTRACTO DE VAINILLA La semilla café, larga y delgada de la orquídea tropical, la vainilla original, tiene un olor deliciosamente dulce y su sabor suave y perfecto combina de maravilla con las natillas dulces, mousses y soufflés. El extracto de vainilla pura (esencia) se hace de las semillas de vainilla remojadas en agua y alcohol. Para obtener un perfume más fuerte, busque los extractos puros hechos de semillas de Tahití, Madagascar o México. La vainilla de imitación tiene un sabor suave a químico que desaparece rápidamente y debe evitarse. Siempre deje que los alimentos calientes se enfríen unos minutos antes de agregar el extracto de vainilla; de lo contrario, el calor evaporará el alcohol y un poco del sabor a vainilla.

FRISÉE Las hojas pálidas y espinosas del frisée son un ingrediente común en las ensaladas francesas, en especial en la famosa Ensalada Frisée con Lardons (página 37) en la que las hojas verdes se mezclan con trozos de tocino cocido sin ahumar, se cubren con una vinagreta de mostaza y se adornan con huevo cocido. Esta hortaliza verde es una versión inmadura ligeramente más amarga de la endibia rizada, también conocida como chicoria. Viene de la misma familia que la escarola, la endibia Belga (chicoria/radicheta) y achicoria roja o radichio.

GRENETINA Un agente para espesar sin olor, color ni sabor que se deriva del colágeno, la grenetina, es una proteína extraída de los huesos, cartílago y tendones de los animales. Hay dos presentaciones de grenetina: la grenetina en polvo, popular en las cocinas americanas y hojas de grenetina, la cual se usa comúnmente en Europa. Ambas deben ser hidratadas y derretidas antes de agregarse a cualquier receta. No confunda la grenetina en polvo sin sabor con la gelatina dulce y con sabor a fruta que se vende en caja para hacer postres.

HERVIDOR DOBLE Usado para cocinar, calentar o derretir suavemente, el hervidor doble está compuesto de dos ollas, una dentro de la otra y cubiertas con una tapa que cubre ambas. Una pequeña cantidad de agua se hierve a fuego lento en la parte inferior, mientras que algunos ingredientes se colocan en la superior para calentarlos suavemente. Los alimentos se calientan por el calor del vapor. Un hervidor doble se usa cuando el calor directo puede tostar o cuajar ingredientes delicados como cuando se derrite chocolate o se hacen salsas a base de huevo.

HUEVO, CRUDO Algunas veces se usan huevos crudos o parcialmente cocidos en salsas y otras preparaciones. Estos huevos corren el riesgo de estar infectados con salmonela u otro tipo de bacteria, que puede envenenar los alimentos. Este riesgo es mayor para los niños pequeños, gente mayor, mujeres embarazadas y cualquiera que tenga un sistema inmunológico débil. Si se preocupa por su salud y seguridad, no consuma huevos crudos.

HUEVOS, SEPARANDO Los huevos son más fáciles de separar cuando están fríos. Rompa cuidadosamente cada huevo y, sobre un tazón, pase la yema de una a otra mitad de cascarón, dejando caer la clara. Coloque la yema en otro tazón y pase las claras a un tercer tazón. Separe cada huevo sobre el tazón vacío, ya que si una pizca de yema cae dentro de las claras, no se podrán batir adecuadamente. Si la yema se rompe, empiece una vez más usando otro huevo.

JULIANA Vea la página 38.

MANDOLINA Esta herramienta delgada y rectangular, por lo general hecha de acero inoxidable, se usa para rebanar y cortar en juliana. Se coloca en ángulo sobre la superficie de trabajo y los alimentos que van a cortarse se rebanan sobre una cuchilla. Algunas mandolinas vienen con varias navajas que darán formas y espesores diferentes. Esta útil herramienta simplifica la tarea de crear rebanadas delgadas y uniformes, en especial para aquellos platillos como las Papas a la Leonesa (página 50) y las Papas Fritas (Página 17).

MIGAS DE PAN, FRESCO Vea la página 77.

MOLDES PARA TARTAS Las tartas se hornean en moldes poco profundos, que por lo general tienen lados verticales ondulados. Vienen en varios tamaños. Busque alguno con base desmontable, que permite liberar la tarta fácilmente del molde. Para retirar la tarta terminada, coloque el molde sobre una lata grande y deje que los lados se separen.

NUEZ MOSCADA   La semilla de un fruto tropical, esta especia aromática tiene un sabor picante a pimienta, popular tanto en los platillos dulces como en los sazonados. La nuez moscada molida, a menudo usada para espolvorear sobre natillas horneadas, también añade un sabor agradable a las salsas de crema y espinaca cocida. La nuez moscada que viene ya molida pierde su sabor y aroma rápidamente; por lo que recomendamos que compre nuez moscada entera y la ralle cuando la necesite. En las tiendas de enseres de cocina puede encontrar ralladores económicos para nuez moscada, que a menudo vienen con un compartimiento para guardar una o dos nueces enteras.

OPORTO   Un vino fortificado de cuerpo entero, el Oporto es una bebida digestiva clásica o un acompañamiento maravilloso para un platillo de queso. Su nombre viene del lugar en el que fue embarcado por primera vez, la ciudad de Porto, al norte de Portugal. Viene en tres presentaciones: Oporto Ruby Dulce, tan rojo como su nombre; Oporto Tawny de color ámbar, más seco y Oporto Vintage, rico y complejo que puede añejarse por décadas.

PEREJIL, DE HOJA PLANA   El perejil liso, también llamado perejil italiano, tiene un sabor más completo y refrescante que el perejil chino. Aunque éste es muy útil para decorar, da otro sabor a los platillos. Para obtener mejores resultados, siempre use perejil liso fresco para cocinar.

PERIFOLIO   (Chervil) Esta hierba ondulada, con un delicado sabor a anís y perejil, se conoce mejor como un ingrediente de las hierbas finas, una mezcla fresca de perifolio, perejil, estragón y cebollín, usada más comúnmente en salsas y omelets. El perifolio se marchita rápidamente; para mantenerlo mejor, envuelva en papel de cocina húmedo, coloque en una bolsa de plástico y almacene en el refrigerador de 1 a 2 días.

PIMIENTA, BLANCA   Los granos de pimienta blanca y negra vienen de las mismas moras del arbusto tropical de pimienta. Sin embargo, las moras usadas para los granos de pimienta negra se cultivan un poco antes de estar maduras y se secan en su cáscara, mientras que las moras de los granos de pimienta blanca son cultivadas totalmente maduras y sus cáscaras oscuras se retiran antes de secarlas. El resultado es una pimienta clara con un sabor ligeramente más suave que su contraparte negra. Debido a su color pálido, los granos de pimienta blanca molida se usan para sazonar salsas de crema y demás platillos de color claro.

POROS, LIMPIEZA DE   Vea la página 45.

SARTÉN PARA CREPAS   Esta sartén poco profunda, con base plana y lados curvos, es justo lo suficientemente grande, por lo general 23 cm (9 in) para cocinar una crepa a la vez. Su mango largo y plano facilita el movimiento para voltear las crepas, mientras que su base plana y lados bajos permiten hacer fácilmente un círculo uniforme de masa al voltear la sartén.

TOMILLO   Espolvoree un pollo con cucharadas de hierbas de Provenza o coloque un bouquet garni en un asado hirviendo a fuego lento y soltará una fragancia evocativa de esta hierba del Mediterráneo. El tomillo silvestre, con hojas diminutas, ovaladas, de color verde oscuro que viene de arbustos pequeños, es una parte integral del maquis, la cubierta aromática de plantas duras que cubre las colinas airosas de la costa del Mediterráneo.

VINAGRE   Vinaigre, la palabra francesa para vinagre, significa "vino agrio". Después de la fermentación inicial el jugo de uva se convierte en vino, una segunda fermentación a base de bacterias vuelve el alcohol del vino en un ácido, creando el vinagre de vino. El vinagre de vino tinto y el de vino blanco son los más usados en la cocina francesa, aunque el vinagre balsámico de Italia está ganando popularidad. El vinagre balsámico auténtico está hecho de mosto de vino puro (o jugo sin fermentar) de las uvas blancas de Trebbiano. El mejor balsámico se añeja varios años en una serie de barriles hechos de diferentes maderas. El balsámico café oscuro, de color miel, muy caro y añejado, se usa como condimento en pequeñas cantidades. Para hacer aderezos para ensaladas y otros usos cotidianos, busque un vinagre balsámico más joven, con menos de 10 años de añejamiento. Asegúrese de leer la etiqueta de la botella antes de comprarlo: muchos vinagres balsámicos económicos son vinagres de vino endulzados y entintados con azúcar y colorante de caramelo. Debido a su gran acidez, el vinagre dura mucho en la alacena y no necesita estar en refrigeración. No sustituya el vinagre de vino blanco con vinagre blanco destilado, hecho de alcohol en grano, ya que es más fuerte pero no tiene sabor.

ÍNDICE

DEGUSTIS
Es un sello editorial de
Advanced Marketing, S. de R.L. de C.V.
Aztecas 33, Col. Sta. Cruz Acatlán, C.P. 53150 Naucalpan, Estado de México

WILLIAMS-SONOMA
Fundador y Vicepresidente: Chuck Williams

WELDON OWEN INC.
Presidente Ejecutivo: John Owen; Presidente: Terry Newell; Jefe de Operaciones: Larry Partington
Vicepresidente, Ventas Internacionales: Stuart Laurence; Director de Creatividad: Gaye Allen;
Editor de Serie: Sarah Putman Clegg; Editor: Heather Belt; Diseño: Teri Gardiner
Gerente de Producción: Chris Hemesath; Director de Color: Teri Bell; Asistente de Producción: Libby Temple

Weldon Owen agradece a las siguientes personas por su generosa ayuda y apoyo en la
producción de este libro: Asistente de Autor Stephanie Rosenbaum; Editor de Copias; Carrie Bradley;
Editor Consultor, Sharon Silva; Estilistas Alimentos, Kim Konecny y Erin Quon;
Asistente de los Estilistas de Alimentos, Kris Hoogerhyde; Consultor de Recetas Peggy Fallon;
Asistente de Fotografía, Faiza Ali; Corrección de Estilo Desne Ahlers y Arin Halley;
Diseñador de Producción, Joan Olson; Índice: Ken DellaPenta.
Supervisión de la Edición en Español: Francisco J. Barroso Sañudo.

Título Original: Francesa   Traducción: Concepción O. De Jourdain, Laura Cordera L.
Francesa de la Colección Williams-Sonoma fue concebido y producido por Weldon Owen Inc.,
en colaboración con Williams-Sonoma.

Una Producción Weldon Owen Derechos registrados © 2003 por Weldon Owen Inc, y Williams-Sonoma Inc.

Derechos registrados © 2004 para la versión en español: Advanced Marketing, S. de R.L. de C.V.
Aztecas 33, Col. Sta. Cruz Acatlán, C.P. 53150 Naucalpan, Estado de México

Presentado en Traján, Utopía y Vectora.

ISBN 970-718-165-6

Separaciones de color por Bright Arts Graphics Singapur (Pte.) Ltd.
Impreso y encuadernado en Singapur por Tien Wah Press (Pte.) Ltd./Printed and bound in Singapore by Tien Wah Press (Pte.) Ltd

1 2 3 4 5   04 05 06 07 08

UNA NOTA SOBRE PESOS Y MEDIDAS

Todas las recetas incluyen medidas acostumbradas en Estados Unidos y medidas del sistema métrico.
Las conversiones métricas se basan en normas desarrolladas para estos libros y han sido
aproximadas. El peso real puede variar.